电子商务物流管理及其发展创新研究

陈金章　蒋建华　著

中国商务出版社
·北京·

图书在版编目（CIP）数据

电子商务物流管理及其发展创新研究 / 陈金章, 蒋建华著. — 北京:中国商务出版社, 2023.12
ISBN 978-7-5103-4867-9

Ⅰ.①电… Ⅱ.①陈… ②蒋… Ⅲ.①电子商务—物流管理 Ⅳ.①F713.365.1

中国国家版本馆CIP数据核字(2023)第203295号

电子商务物流管理及其发展创新研究
DIANZI SHANGWU WULIU GUANLI JI QI FAZHAN CHUANGXIN YANJIU

陈金章　蒋建华　著

出　　版：	中国商务出版社
地　　址：	北京市东城区安外东后巷28号　　邮　编：100710
责任部门：	发展事业部（010-64218072）
责任编辑：	孟宪鑫
直销客服：	010-64515210
总　发　行：	中国商务出版社发行部（010-64208388　64515150）
网购零售：	中国商务出版社淘宝店（010-64286917）
网　　址：	http://www.cctpress.com
网　　店：	https://shop595663922.taobao.com
邮　　箱：	295402859@qq.com
排　　版：	旧雨出版
印　　刷：	三河市悦鑫印务有限公司
开　　本：	710 毫米×1000 毫米 1/16
印　　张：	12　　　　　　　　　　　　　字　数：205千字
版　　次：	2024年3月第1版　　　　　　　印　次：2024年3月第1次印刷
书　　号：	ISBN 978-7-5103-4867-9
定　　价：	79.00元

凡所购本版图书如有印装质量问题，请与本社印制部联系（电话：010-64248236）

CCTP 版权所有　盗版必究 （盗版侵权举报请与本书总编室联系：010-64212247）

前　言

　　伴随着我国综合国力不断攀升，电子商务已成为国民经济发展的新动力，在国民经济和社会发展中具有重要的地位，并发挥着很大作用。伴随电子商务的快速发展，直播电商、社交电商、短视频电商等不同场景下的电子商务对物流管理活动提出了更多的要求。电子商务企业间竞争日益激烈，服务质量成为电子商务企业竞争的关键，物流成为各个电子商务企业增强竞争力的重要途径，物流的配送速度和质量成为衡量企业优劣的重要指标。因此，加强物流现代化管理，提高物流信息化、智能化程度，使其能够更好地服务并促进电子商务的发展，是电子商务和物流管理发展创新的一个重要课题。

　　本书共分六章对研究主题进行分析，第一章是电子商务物流管理导论，介绍了电子商务的发展背景、现代物流的发展历程，并对电子商务物流的认识以及电子商务与物流的关系进行了研究。第二章对我国电子商务物流发展进行了研究，从现阶段我国电子商务物流的基本问题入手，论述了解决我国电子商务物流问题的措施、对策以及发展趋势。第三章对电子商务物流的主要运行模式进行分析，深入研究了第三方、第四方物流以及物流联盟等电商物流运作模式。第四章介绍了电子商务环境下的智慧物流，对智慧物流的概念、电子商务和智慧物流的联系以及电子商务智慧物流的应用进行了阐述。第五章介绍了电子商务环境下的冷链物流，从电子商务冷链物流概念、电子商务冷链物流市场分析、电子商务冷链物流行业标准与硬件设备、电子商务冷链物流的发展策略四方面进行了阐述。第六章介绍了电子商务环境下其他物流发展创新，详细研究了电子商务低碳物流、逆向物流以及精益物流。

本书在写作过程中借鉴了众多专家学者的研究成果，在此表示诚挚的感谢。由于作者水平有限，书中所涉及的内容、观点难免存在疏漏，敬请广大读者予以批评指正。

作　者

2023年9月

目 录

第一章　电子商务物流管理导论 ……………………………… 1
　　第一节　电子商务与现代物流 …………………………………… 1
　　第二节　电子商务物流的认识 …………………………………… 13
　　第三节　电子商务与物流的关系 ………………………………… 15

第二章　我国电子商务物流发展研究 ………………………… 25
　　第一节　现阶段我国电子商务物流的基本情况 ………………… 25
　　第二节　我国电子商务物流问题以及解决的措施和对策 ……… 31
　　第三节　我国电子商务物流发展的趋势 ………………………… 39

第三章　电子商务物流的主要运行模式分析 ………………… 46
　　第一节　第三方物流 ……………………………………………… 46
　　第二节　第四方物流 ……………………………………………… 77
　　第三节　物流联盟 ………………………………………………… 81

第四章　电子商务环境下的智慧物流 ………………………… 88
　　第一节　智慧物流 ………………………………………………… 88
　　第二节　电子商务与智慧物流 …………………………………… 95
　　第三节　电子商务智慧物流的应用 ……………………………… 115

第五章　电子商务环境下的冷链物流 ………………………… 131
　　第一节　电子商务冷链物流 ……………………………………… 131

I

第二节　电子商务冷链物流市场分析 136
　　第三节　电子商务冷链物流行业标准与硬件设备 141
　　第四节　电子商务冷链物流的发展策略 150

第六章　电子商务环境下其他物流发展创新 156

　　第一节　电子商务低碳物流 156
　　第二节　电子商务逆向物流 163
　　第三节　电子商务精益物流 176

参考文献 185

第一章　电子商务物流管理导论

第一节　电子商务与现代物流

一、电子商务的发展背景

电子商务（E-commerce）是指企业用电子过程代替物理活动并且在企业、顾客和供应商之间建立的新型合作模式。中华人民共和国国家标准《物流术语（GB/T 18354-2021）》（以下简称《物流术语》）对电子商务的定义：在互联网开放的网络环境下，基于浏览器/服务器（Browser/Server）的应用方式，实现消费者的网上购物（Business-to-Consumer，BtoC）、企业之间的网上交易（Business-to-Business，BtoB）和在线电子支付的一种新型的交易方式。电子商务的发展大约经历了以下三个阶段。

（1）20世纪60年代至20世纪90年代，基于电子数据交换（Electronic Data Interchange，EDI）的电子商务。电子数据交换在20世纪60年代末期产生于美国，美国首先利用电子设备使簿记工作自动化（无纸化办公），降低了成本，提高了办公效率。从最初单项业务的电子化，逐步发展为应用第三方服务或商业增值网，以统一的数据标准，进行多项业务的电子化处理，形成了以计算机、局域网和数据标准为框架的商务系统，即基于电子数据交换的电子商务。

（2）1990年至2000年，基于互联网的电子商务。这一阶段互联网迅速普及，逐步从大学、科研机构走向家庭和企业，其功能从信息共享演变为一种大众化的信息传播。同时，以可扩展标记语言（Extensible Markup Language，XML）为代表的新技术不断涌现，它们不仅能融合原有的电子数据交换系统，还可协调和集成异构数据，支持不同应用平台，以电子化形式处理所有商业信息。从此，局限于局域网、基于电子数据交换的电子商务发生了质的飞跃，形成了以计算机和信息技术为支撑、基于互联网的电子商务。

（3）2000年至今，E概念电子商务。由于电子商务的全球性、方便快捷性、低成本等优势，伴随着信息技术的发展、个性化需求的不断增加和不同企业的大量进入，其内涵和外延在不断充实，逐步扩展到 E 概念的高度，开拓了更广阔的应用空间。凡是通过电子方式进行的各项社会活动，即利用信息技术来解决问题、创造商机、降低成本、满足个性化需求等活动，均被概括为 E 概念电子商务。

二、物流认知

物流是伴随商品流通的出现而发展起来的。人类社会出现商品生产后，生产和消费便逐渐分离，产生了连接生产和消费的中间环节——流通。随着工业的发展，社会生产和消费规模越来越大，流通对生产的反作用也越来越突出。产需分离越来越大，分工越来越细，就必须依靠流通来解决和弥合。这就促使流通领域迅速发展，物流也随之逐渐成长起来。

（一）物流概念的产生与发展

物流的概念最早源自 20 世纪初的美国。从 20 世纪初到现在的一个多世纪里，物流概念的产生和发展经历了物流概念的孕育、分销物流学和现代物流学三个阶段。

1. 第一阶段：物流概念的孕育

从 20 世纪初到 50 年代中期，这一阶段是物流概念的孕育阶段。此阶段有三个特点：一是出现在局部范围，主要是在美国；二是属于少数几个人提出的物流概念；三是意见不统一。这主要有两种意见，一是美国市场营销学者阿奇·萧于 1915 年从市场分销的角度提出的传统物流（Physical Distribution）的物流概念。二是美国少校琼西·贝克于 1905 年从军事后勤的角度提出的后勤服务（Logistics）的物流概念。这两种意义不同的概念，在此阶段并存的原因在于，它们分别在各自的专业领域中独立运用，二者之间没有冲突，同时没有一个统一的物流学派来进行统一规范，也无须得到社会广泛一致的认可。

2. 第二阶段：分销物流学

这一阶段从 20 世纪 50 年代中期开始到 80 年代中期，其基本特征是，分销物流学（The retail logistics learns）的概念发展后逐渐占据了统治地位；物流概念从美国传播到全世界，形成了一个比较统一的物流概念；形成和发展了物流管理学；形成了物流学派、物流产业和物流领域。在此阶段，物流方面的研究成果不断涌现，有关物流管理的研讨会不断举行，推动了物流管理学的形成和物流管理的实践。

随着分销物流研究的不断丰富和发展，人们发现物流活动不仅仅存在于分销领域，企业内部生产领域的物流活动也十分频繁。1965 年，美国 J．A．奥列基博士提出独立需求和相关需求的概念，并指出订货点法的物资资源配置技术只适用于独立需求物资；而企业内部的生产过程中相互之间的需求则是相关的，应当制订物资需求计划。

在发展物资需求计划的基础上，受物资需求计划思想原理的启发，20 世纪 80 年代产生了应用于分销领域的分销资源计划。在物资需求计划和分销资源计划发展的基础上，为了把二者结合起来运用，20 世纪 90 年代出现了物流资源计划和企业资源计划。这一时期，日本丰田公司的准时化生产技术及相应的看板技术是生产领域物流技术的代表。它不仅在生产领域创造了一种革命性的哲学和技术，而且为整个物流管理学提供了一种理想的物流思想理论和技术，现在已被应用到物流的各个领域。

所有这些企业内部物流理论和技术的发展，逐渐引起了人们的关注。分销物流的概念显然不能包含它们，这使原来只关注分销物流的人们意识到，仅使用分销物流的概念已经不适合。特别是到 20 世纪 80 年代中期，随着物流活动进一步集成化、一体化、信息化，改换物流概念的思想就更加强烈了，于是进入了物流概念发展的第三阶段。

3．第三阶段：现代物流学

从 20 世纪 80 年代中期至今，为现代物流学阶段。第二阶段物流业的发展，使全世界意识到，物流已不仅限于分销领域，而且已涉及包括企业物资供应、企业生产、企业分销及企业废弃物再生等全范围和全领域。原来的分销物流概念，已经不适应这种形势，应该扩大概念的内涵。因此人们决定放弃使用传统物流（Physical Distribution）概念，而采用现代物流学（Logistics）作为物流的概念。

综上，这一阶段的物流概念 Logistics 虽然和第一阶段的军事后勤学上的物流概念 Logistics 字面相同，但是意义已不完全相同。第一阶段军事后勤学上的 Logistics 概念主要是指军队物资供应调度上的物流问题，而新时期的 Logistics 概念则是在各个专业物流全面高度发展的基础上基于企业供、产、销等全范围、全方位的物流问题，无论是广度、深度还是涵盖的领域，层次都有不可比拟的差别，因此这个阶段的 Logistics 不能译为后勤学，更不能译为军事后勤学，而应当译为现代物流学。它是一种适应新时期所有企业（包括军队、学校、事业单位）的集成化、信息化、一体化的物流学概念。

（二）物流的概念

物流是一个控制原材料、制成品、产成品和信息的系统，从供应开始经各种中间环节的转让及拥有而到达最终消费者手中的实物运动，以此实现组织的明确目标。现代物流是经济全球化的产物，也是推动经济全球化的重要服务业。世界现代物流业呈稳步增长态势，欧洲、美国、日本成为当前全球范围内的重要物流基地。

在《物流术语》中将物流定义为："根据实际需要，将运输、储存、装卸、搬运、包装、流通加工、配送、信息处理等基本功能实施有机结合，使物品从供应地向接收地进行实体流动的过程"。总之，物流是包括运输、搬运、储存、保管、包装、装卸、流通加工和物流信息处理等基本功能的活动，它是由供应地流向接收地以满足社会需求的活动，是一种经济活动。

（三）物流的分类

物流的分类维度和分类方法较多，按照不同的标准，物流可作不同的分类。通常，物流可以按以下五种方式分类。

1. 按物流的范畴分类

按照物流的范畴来划分，物流可分为社会物流和企业物流两大类型。

社会物流，也称宏观物流或大物流，是指社会再生产总体的物流活动，包括设备制造、仓储、配送、包装、运输、信息服务等，公共物流和第三方物流贯穿其中。企业物流，也称微观物流或小物流，是指生产或流通企业围绕其经营活动所发生的物流活动，包括生产物流、销售物流、供应物流、回收物流和废弃物物流等。

2. 按物流的作用领域分类

根据作用的不同，物流又可分为生产领域的物流和流通领域的物流。生产领域的物流贯穿生产的整个过程。生产的全过程从原材料的采购开始，便要求有相应的供应物流活动。在生产的各工艺流程之间，需要原材料、半成品的物流过程，即所谓的生产物流；部分余料、可重复利用的物资的回收，就是所谓的回收物流；废弃物的处理则需要废弃物物流。

流通领域的物流主要是指销售物流。在当今买方市场条件下，销售物流活动带有极强的服务性，以满足买方的需求，最终实现销售。在这种市场前提下，销售往往以送达用户并经过售后服务才算终止，因此企业销售物流的特点便是通过包装、送货、配送等一系列物流实现销售。

3．按物流提供服务的主体分类

根据提供服务主体的不同，物流又可分为第一方物流、第二方物流、第三方物流和第四方物流。

第一方物流是指卖方、生产者或者供应方组织的物流活动，也称供方物流、自营物流。这些组织的主要业务是生产和供应商品，进行物流网络及设备的投资、经营与管理。

第二方物流是指供应链中由分销商承担的自己采购商品的物流活动，也称需方物流。批发商到工厂取货、送货给零售店或者客户、自建物流和配送网络、保有库存等都属于第二方物流活动。

第三方物流是指由物资流动的提供方和需求方之外的第三方去完成物流服务的运作方式，也称合同物流。第三方就是指提供物流交易双方的部分或全部物流功能的外部服务提供者。

第四方物流是指一个供应链集成商，调集和管理组织自己及具有互补性服务的资源、能力和技术，以提供一个综合的供应链解决方案。

4．按物流的服务区域分类

根据物流的服务区域不同，可将物流分为地区物流、国内物流和国际物流。

地区物流是指根据行政区域地理位置划分的一定区域内的物流。相对国际物流、国内物流而言，地区物流的范围比较小。地区物流可以按行政区域划分（如华东地区物流），可以按省区划分（如广东物流），也可以按经济圈划分（如苏锡常物流），还可以按地理区域划分（如长三角物流、珠三角物流等）。

国内物流是指一个国家内发生的物流活动，物流活动的空间范围局限在一个国家领土、领空、领海内。就其地理概念而言，国内物流较国际物流的范围小，它可包括一些地区物流。

国际物流是指国与国之间、洲际之间开展的物流活动，它包括多国之间或洲际之间开展的物流活动。这种物流是国际贸易的组成部分，各国之间的相互贸易最终要通过国际物流来实现。跨国公司的发展使得企业经济活动范围遍布世界各国，经济全球化、市场国际化进程随之加快，国际物流的重要性将更为突出。

5. 按物流活动范围和业务性质分类

按照物流在社会再生产过程中不同阶段的活动范围和业务性质，物流可分为以下五种类型。

（1）供应物流，是指从物资（主要指生产资料）供给者，经过采购、运输、储存、加工、包装、装卸搬运、配送，直至购买者收到物资的物流过程。

（2）生产物流，是指从原材料采购、运输、储存，车间送料、装卸搬运、半成品（零部件）流转，成品分类拣选、包装、进入仓库全过程的物流活动。

（3）销售物流，是指生产工厂或商业企业（批发和零售），从商品采购、运输、储存、装卸搬运、加工、包装、配送、销售，直至客户收到商品的物流过程。

（4）回收物流，是指伴随货物运输或搬运中的包装容器、装卸工具及其他可再用的旧杂物的回收、分类、再加工及复用的物流过程。

（5）废弃物物流，是指生产和生活消费中的废弃物等的收集、分类、处理的物流过程。

（四）物流的功能

物流的功能指的是物流系统所具有的基本能力。这些基本功能有效地组合在一起，形成物流的总功能，以便能合理、有效地实现物流系统的总目标。物流的功能要素一般包括运输、包装、装卸搬运、储存保管、流通加工、配送、物流信息处理等。

1. 运输功能

运输包括供应及销售物流中的陆地、航空、海上等方式的运输，以及生产物流中的管道、传送带等方式的运输。对运输活动的管理，须选择经济技术效果最好的运输方式及联运方式，满足合理确定运输路线，实现安全、迅速、及时、价廉的要求。

2. 包装功能

包装包括产品的出厂包装，生产过程中成品、半成品的包装及在物流过程中换装、分装、再包装等活动。材料包装活动的管理，根据物流方式和销售要求来确定。是以商业包装为主，还是以工业包装为主，要看包装对产品的保护作用、促销作用、提高装运效率的作用、拆卸的方便性、废弃包装的回收及处理等因素。另外，包装管理还要依据全物流过程的经济效果，决定包装材料、强度、尺寸及包装方式。

3. 装卸搬运功能

装卸搬运包括对运输、保管、包装、流通加工等物流形式进行衔接活动，以及在保管等过程中为进行检验、维护、保养所进行的装卸搬运活动。在物流过程中，装卸搬运较为频繁，因而对装卸搬运的管理，主要是确定最恰当的装卸搬运方式，尽量减少装卸搬运次数，合理配置及使用装卸搬运机具，力图做到节能、省力、减少损失、加快速度。

4. 储存保管功能

储存保管包括堆存、保养、维护等。对储存保管的管理，要求确定库存量，明确仓库是以流通为主还是以储备为主，合理确定储存保管制度和流程，对库存物资采取有区别的管理方式，力求提高储存保管效率、降低损耗、加快物资和资金的流转速度。

5. 流通加工功能

流通加工不仅存在于社会流通过程中，也存在于企业内部的流通过程中。实际上，在物流过程中进行的流通加工是辅助加工，其是企业、物资部门、商业部门为了弥补生产过程中加工程度的不足，或提高产品的附加值，以便更有效地满足用户的需求，更好地衔接产需。

6. 配送功能

配送是物流进入最终阶段，以配货、送货形式最终完成社会物流并最终实现资源配置的活动。配送一直被看作是运输中的一个组成部分，被认为是一种运输形式，所以过去一直被当作运输中的末端运输来对待，而未将其当作独立的物流系统。但是，作为现代流通方式，配送集经营、服务、社会集中库存、分拣、装卸搬运于一身，已不仅是一种送货运输所能包含的，已被当作物流系统的独立因素。

7. 物流信息处理功能

在物流过程中，伴随着物流的进行，产生的大量反映物流过程的有关商品输入、输出的物流情况、流量与流向、库存动态、物流费用、市场情报、运输跟踪等，形成物流信息。同时，应用计算机进行加工处理，获得实时的物流信息，这将有利于及时掌握物流动态，协调各物流环节，有效地组织好物流活动。

（五）物流系统

1. 物流系统的概念

物流系统（Logistic System）是具有特定目的和功能的系统，是由两个或两个以上既有联系又有区别的单元构成，以物资为工作对象、完成物流服务为目的的有机结合体。其由运输、储存、包装、装卸搬运、流通加工、物流信息处理、配送等物流各要素组成，要素之间存在有机联系并具有使物流总体合理化的功能，是社会经济大系统的一个子系统及组成部分。存在于物流系统外且与物流系统发生作用的各种因素统称为物流系统的环境。相对物流环境而言，物流系统具有一定目的和功能并相对独立。

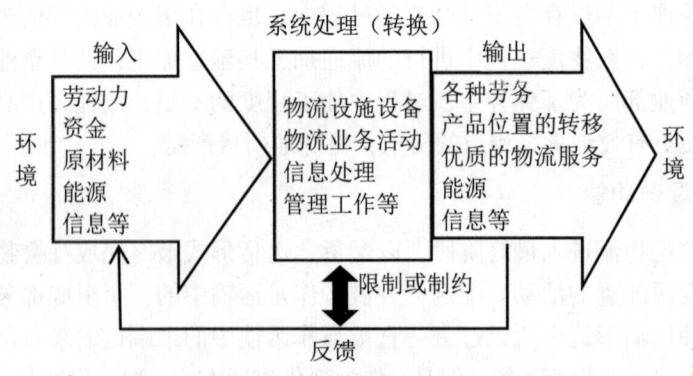

2. 物流系统的模式

物流系统的模式包括系统的输入、系统处理（转换）、输出、限制或制约、反馈等功能。其具体内容因物流系统的性质不同而有所区别，如图1-1所示。

图1-1 物流系统的模式

（1）输入。通过提供资源、能源、设备、劳动力等手段对某一系统发生作用，统称为外部环境对物流系统的输入，具体包括原材料、资金、信息、劳动力、能源等。

（2）系统处理（转换）。系统处理也称系统转换，是指物流本身的转化过程，是从输入到输出之间所进行的生产、供应、销售、服务等活动中的物流业务，具体包括物流设施设备的购买和建设，运输、储存、包装、装卸搬运、流通加工、配送等物流业务活动的开展信息处理及管理工作等。

（3）输出。物流系统的输出是指物流系统与其本身所具有的各种方式和功能，对环境的输入进行各种处理后所提供的物流服务，具体包括合同的履行、各种劳务、产品位置的转移、各种优质的物流服务、能源和信息等。

（4）限制或制约。外部环境对物流系统施加一定的约束也称外部环境对物流系统的限制或制约，具体包括资源条件、能源限制、资金与生产能力的限制、价格影响、需求变化、仓库容量、装卸与运输的能力、政策的变化等。

（5）反馈。信息反馈是指物流系统在将输入转化为输出的过程中，由于受环境限制和影响，不能按原计划实现，需要把输出的结果反馈给输入人员进行调整，即使按原计划实现，也要把信息返回，以便对工作做出评价。其具体内容包括各种物流活动分析报告、统计报告数据、典型调查、国外市场信息及有关动态等。

3. 物流系统的目标

物流系统的目标即建立的物流系统所要求具备的能力，一般包括以下五个方面。

（1）服务性目标。在为用户服务方面要求做到无缺货、无货物损伤和丢失等，且费用便宜。

（2）快捷性目标。要求把货物按照用户指定的地点和时间迅速送到。快捷性不但是服务性的延伸，也是对物流提出的要求。快速、及时既是一个传统目标，也是一个现代目标。其原因是随着社会大生产发展，这一要求更加强烈了。在物流领域采取的诸如直达物流、联合一贯制运输、高速公路、时间表系统等管理，就是这一目标的体现。

（3）节约空间目标。虽然我国土地费用比较低，但这个费用也在不断上涨，特别是对城市市区面积的有效利用必须充分加以考虑，应逐步发展立体设施和相关物流机械,求得空间的有效利用。

(4)规模适当目标。以物流规模作为物流系统的目标,是以此来追求"规模效益"。生产领域的规模生产是早已为社会所承认的。由于物流系统比生产系统的稳定性差,因而难以形成标准的规模化格式。在物流领域以分散或集中等不同方式建立物流系统,研究物流集约化的程度,就是优化这一目标的体现。

(5)库存控制目标。库存过多不但需要更多的保管场所,而且会产生资金积压,造成浪费。因此,必须按照生产与流通的需求变化对库存进行控制。

要发挥物流系统的综合效果,就要把从生产到消费过程的货物量作为一贯流动的物流量看待,依靠缩短物流路线,使物流作业合理化、现代化,从而降低其总成本。

三、现代物流的发展历程

物流概念源自美国,1915年美国经济学家阿奇·萧在《市场流通中的若干问题》一书中提到"物流"一词,并指出"物流是与创造需求不同的一个问题"。1935年,美国销售协会阐述了实物分配的概念,即"实物分配是指在销售过程中的物质资料和服务,从生产场所到消费场所的流动过程中所伴随发生的种种经济活动"。

在第二次世界大战中,围绕战争供应问题,美国军队建立了"后勤(Logistics)"理论,并将其用于战争活动中。其中所提出的"后勤"是指将战时物资生产、采购、运输、配给等作为一个整体进行统一管理,以求战略物资补给的费用更低、速度更快、服务更好。后来,"后勤"一词在企业中被广泛应用,又有"商业后勤""流通后勤"的提法,这时的"后勤"包含了生产过程和流通过程的物流,是一个包含范围更广泛的物流概念。

第二次世界大战以后,西方经济进入大量生产和大量销售的时期,如何降低流通成本开始受到广泛关注,实物分配的概念更为系统化。日本的"物流"概念是1956年直接从"传统物流"(Physical Distribution)翻译过来的。1956年,日本派使团考察美国的流通技术,引进了物流的概念。20世纪50年代,"实物分配"的概念在日本被译为"物的流通",日本著名学者、被称为物流之父的平原直用"物流"这一更为简洁的表达方式代替"物的流通",之后迅速在国际上被广泛使用。实际上,我国许多文献中也是按实物分配的概念来阐述物流的。

20世纪80年代以后,随着社会经济的高速发展,物流所面临的经济环境有了很大变化,原来狭义的"物流"概念受到了前所未有的挑战和批判。1984年,美国物流管理协会正式采用"现代物流学"(Logistics)作为物流的概念,并将现代物流定义为"为了符合顾客的需求,将原材料、半成品、完成品以及相关的信息从生产地向消费地流动的过程,以及为使保管能有效、低成本而从事的计划、实施和控制的行为"。这个定义强调了顾客满意度、物流活动的效率性,以及将物流从原来的销售物流扩展到采购物流、企业内物流和销售物流。

此后,"物流"的概念又得到进一步的更新。1991年11月,荷兰乌德勒支市举办了第九届物流国际会议,在这次会议上,人们对物流的内涵进行了更多的拓展,不仅接受了现代物流学(Logistics),认为物流应包括生产前和生产过程中的物质、信息流通过程,而且向生产之后的市场营销活动、售后服务、市场组织等领域发展。显然,物流概念的扩展使物流不仅包括了与销售预测、生产计划的决策、库存管理、顾客订货的处理等相关的生产物流,还延伸到了与顾客满意相关的各种营销物流活动。

除此之外,关于具有代表性的现代物流概念还有以下几点。

美国物流协会(The Council of Logistics)认为:物流是有计划地将原材料、半成品和成品由生产地送到消费地的所有流通活动,内容包括为用户服务、需求预测、情报信息联系、材料搬运、订单处理、选址、采购、包装、运输、装卸、废料处理和仓库管理等。

日本物流协会(Japan Institute of Logistics)认为:物流是一种对原材料、半成品和成品的有效流动进行规划、实施和管理,同时协调供应、生产和销售各部门的个别利益,最终满足客户的需求。

欧洲物流协会(European Logistics Association)认为:物流是为达到特定目的,在一个系统内对人员或商品的运输、安排以及支持活动的计划、执行和控制。

《物流术语》认为:物流是物品从供应地向接收地的实体流动过程,根据实际需要,实现运输、仓储、装卸、搬运、流通加工、配送、信息处理等基本功能的有机结合。

综上所述,现代物流是利用现代信息技术将运输、仓储、装卸搬运、包装、流通加工、配送、信息处理、用户服务等活动有机地整合起来，经济有效地将原材料、半成品及产成品由生产地送到消费地的所有流通。

四、电子商务与现代物流融合

电子商务与现代物流之间的关系是相互促进、相互发展的。

（一）电子商务是现代物流和信息技术发展的产物

电子商务是传统商务的延伸，电子商务的整个运作过程是信息流、商流、资金流和物流的流动过程，其优势体现在信息资源的充分共享和运作方式的高效率上。通过互联网进行商业交易，最终的资源配置需要通过商品实体的转移来实现。因此，只有现代物流和信息技术发展到一定阶段，电子商务才具备发展的基础，才能真正将商品或服务转移到消费者手中。

（二）电子商务离不开现代物流

电子商务是20世纪信息化、网络化的产物。和传统商务一样，电子商务中的任何一笔交易，都包含着几种基本的"流"，即信息流、商流、资金流和物流。随着电子商务的进一步发展，物流的重要性对电子商务活动的影响日益明显。

（三）物流是实施电子商务的根本保证

电子商务通过快捷、高效的信息处理手段可以比较容易地解决信息流（信息交换）、商流（所有权转移）和资金流（支付）的问题。只有将商品及时地配送到用户手中，即完成商品的空间转移（物流），才标志着电子商务过程的结束，因此，物流系统的效率高低是电子商务成功与否的关键。

（四）电子商务将促进物流技术的大发展

电子商务是一种新型的基于互联网技术的企业与企业、企业与用户间的商业活动形式。

电子商务实现了在全世界范围内用互联网技术以电子方式进行物品与服务的交换。随着计算机技术的不断普及，网络技术的不断完善，电子商务势必取得长足的发展，物流技术也将随之不断创新，最终实现真正意义上的"物畅其流"。

第二节　电子商务物流的认识

　　电子商务的蓬勃发展,加大了对物流业的需求力度,同时使物流呈现出新的特点。电子商务物流在互联网时代随市场需求而加速发展,已成为人们从事市场经济活动不可或缺的重要组成部分。

一、电子商务物流的概念

　　电子商务物流是指集采购、运输、分拣、配送代理与销售等环节于一体的组织方式。目前,虽然对电子商务物流尚无统一的定义,但可以从两个角度来理解：从宏观行业角度看,电子商务物流是电子商务和物流两个行业的结合,是与电子商务这一新兴行业相配套的,主要为电子商务客户提供服务的物流,涵盖国内快递、国际快递、同城货运、海淘转运、众包物流、电商自建物流体系及仓储服务等多个方面；从微观运作角度看,电子商务物流是信息管理技术和物流作业环节的结合,是运用现代信息技术整合物流环节,实现高度信息化的物流,是针对国内为电商平台服务、直接接触消费者的物流服务商,主要包括快递和电商自建物流。

　　物流是指有关"物"的流通的经济活动。在电子商务过程中,物流实现了货物由供应者向需求者的物理性移动,包括运输、仓储、装卸搬运、包装、流通加工、配送等活动,是从供应开始经各种中间环节的转让而到达最终消费者手中的实物运动,并以此实现社会商品的流通。

　　电子商务物流是关于"物"的信息活动过程。伴随物资的流通将产生大量的信息,具体地说,物流是与上述运输、仓储、装卸搬运、包装、流通加工、配送等物资流通活动相关的信息活动。如果物流要将适当数量的产品在适当的地方用适当的价格供给消费者,就需要借助物流信息进行各种过程的统一和综合。

　　电子商务物流是创造时间价值和场所价值的经济活动。物流过程克服了时间和空间的距离,连接供给主体和需求主体,从供应、生产、搬运、仓储到销售,在各个不同环节上创造价值,使这一过程中有形无形的资本均获得增值,可见,它是物资在物理性移动中创造经济价值的活动。例如,将产品运输到消费者指定的场所,或在产品流通过程中加以分类的包装,可以方便消费者购买，使产品真正变成商品。

因此，电子商务物流是利用现代信息技术将多种活动有机整合的集成性活动。物流过程是实现组织目标的过程，要对这一过程进行计划、控制和组织，既要满足顾客需要，又要实现自身赢利。在实现物的流动中包括运输、仓储、装卸搬运、流通加工、包装、配送等实物处理的过程，这些处理过程形成了环环相扣的整体，需要信息活动来统一和协调。人们借助信息技术手段可以实现物的流动的科学化和数字化，进而降低物流活动的成本，可以说物流是产品流、商流、信息流的相互融合和统一。

电子商务物流的目标是以最经济的方式和手段为顾客提供良好的服务，在使顾客满意的同时创造"第三利润源"。因此，物流企业要始终面向顾客需求，通过准时、节约、规模优化、库存调节等手段来挖掘和创造"第三利润源"，并在相关利益主体间进行合理分配，以达到双赢或多赢的目的。

二、电子商务物流的特点

电子商务时代的来临，给全球物流带来了新的发展，使物流呈现出信息化、自动化、网络化、智能化及柔性化的特点。

（一）信息化

电子商务时代，物流信息化是电子商务的必然要求。物流信息化表现为物流信息的商品化、物流信息收集的数据库化和代码化、物流信息处理的电子化和计算机化、物流信息传递的标准化和实时化、物流信息存储的数字化等。信息化是一切的基础，没有物流的信息化，任何先进的技术设备都不可能应用于物流领域，信息技术及计算机技术在物流中的应用将会彻底改变世界物流的面貌。

（二）自动化

自动化的基础是信息化，自动化的核心是机电一体化，自动化的外在表现是无人化，自动化的效果是省力化。自动化可以扩大物流作业能力、提高劳动生产率、减少物流作业的差错等。电子商务物流自动化的设施非常多，如条码/语音/射频自动识别系统、自动分拣系统、自动存取系统、自动导向车、货物自动跟踪系统等。

（三）网络化

物流的网络化是物流信息化的必然，是电子商务下物流活动的主要特征之一。这里的网络化有两层含义：一是物流配送系统的计算机通信网络，包括物流配送中心与供应商或制造商的联系要通过计算机网络，与下游顾客之间的联系也要通过计算机网络；二是组织的网络化，即所谓的企业内部网。

（四）智能化

智能化是物流自动化、信息化的一种高层次应用。物流作业过程中大量的运筹和决策，如库存水平的确定、运输（搬运）路径的选择、自动导向车的运行轨迹和作业控制、自动分拣机的运行、物流配送中心经营管理的决策支持等问题都需要借助大量的知识才能解决。为提高物流现代化的水平，物流的智能化已成为当前电子商务物流发展的方向。

（五）柔性化

电子商务的发展，使需求由大批量、标准化转变为小批量、个性化、快速化。企业需要根据客户的实际需求"量体裁衣"，生产由传统的大规模、机械化转变为以时间成本为基础的弹性方式，整个生产作业过程呈现出柔性化的特征。柔性化的物流正是适应生产、流通与消费的需求而发展起来的一种新型物流模式。这就要求物流配送中心根据消费需求"多品种、小批量、多批次、短周期"的特色，灵活组织和实施物流作业。

此外，物流设施、商品包装的标准化，以及物流的社会化、共同化都是电子商务下物流具有的特点。

第三节　电子商务与物流的关系

电子商务的发展日新月异，对经济社会产生了深远影响。电子商务中包含"四流"，即信息流、商流、资金流和物流。信息流、商流和资金流可通过计算机和网络设备实现，但物流大多数情况下仍需经由物理方式传递，并对实现电子商务具有重要作用。电子商务与物流密切相关，相互影响。

电子商务物流管理及其发展创新研究

一、电子商务与物流的关系

电子商务与物流业是一种互为条件、互为动力、相互制约的关系。关系处理得当，采取措施得力，二者可以相互促进，共同加快发展；反之也可能互相牵制。

（一）物流是电子商务发展的必备条件

1. 物流技术为电子商务快速推广创造条件

一笔电子商务交易一般需要具备三项基本要素：物流、信息流、资金流，其中，物流是基础，信息流是桥梁，资金流是目的。每一笔商业交易的背后都伴随着物流和信息流，贸易伙伴需要这些信息以便对产品进行发送、跟踪、分拣、接收、存储、提货以及包装等。在信息化的电子商务时代，物流与信息流的配合越来越重要，所以电子商务的发展必须借助现代物流技术。

物流技术是指与物流活动相关的所有专业技术的总称，包括各种操作方法、管理技能等，如流通加工技术、物品包装技术、物品标识技术、物品实时跟踪技术等。

随着计算机网络技术的应用普及，物流技术中综合了许多现代信息技术，如地理信息系统（Geographic Information System，GIS）、全球卫星定位（Global Positioning System，GPS）、电子数据交换（Electronic Data Interchange，EDI）、条形码（Bar Code Technology，BCT）技术等。物流业能够加快应用现代信息技术，为电子商务的推广铺平了道路。

2. 物流配送体系是电子商务的支持系统

现代物流配送可以为电子商务客户提供服务，根据电子商务的特点，对整个物流配送体系实行统一的信息管理和调度，按照用户要求在物流基地完成理货，并将配好的货物送交收货人。这一现代物流方式对物流企业提高服务质量、降低物流成本、提高企业经济效益及社会效益具有重要意义。

3. 物流配送系统提高了社会经济运行效率

物流配送企业采用网络化的计算机技术和现代化的硬件设备、软件系统及先进的管理手段，严格按用户的订货要求进行分类、编配、整理、分工、配货等一系列理货工作，定时、定点、定量地交给各类用户，满足其

第一章 电子商务物流管理导论

对商品的需求。物流配送以一种全新的面貌，成为流通领域革新的先锋，代表了现代市场营销的新方向。新型物流配送比传统物流方式更容易实现信息化、自动化、现代化、社会化、智能化、简单化，使货畅其流，物尽其用，既减少了生产企业库存，加速资金周转，提高物流效率，降低物流成本，又刺激了社会需求，促进经济健康发展。

（二）电子商务为物流业的发展提供了技术条件和市场环境

物流系统中货物的快速移动完全依赖信息，物流信息系统缺乏精确性是当今物流渠道集成的最大障碍。目前，多数公司仍把主要精力集中在交易系统上，虽然交易系统对公司的日常操作十分重要，但它们不能解决快速反应和战略决策的问题，而快速反应能力是物流企业高水平管理和高效率运作的重要标志。

电子商务的兴起，为物流产业带来了更为广阔的增值空间，网络技术为物流企业建立高效、节省的物流信息网提供了最佳手段。当然，目前物流业因不能适应电子商务快速发展而暴露出了种种不尽如人意之处，但这恰恰是现代物流服务产业可以带来无限商机的源泉。

1. 电子商务为物流功能集成化创造了有利条件

电子商务的发展必将加剧物流业的竞争，竞争的主要方面不是硬件而是软件，是高新技术支持下的服务。电子商务可以表现为很多技术的应用，但只有通过技术和业务的相互促进，才能实现形式与内容的统一。电子商务公司希望物流企业提供的配送不仅是送货，而是最终成为电子商务公司的客户服务商，协助电子商务公司完成售后服务，提供更多增值服务内容，如跟踪产品订单、提供销售统计、代买卖双方结算货款、进行市场调查与预测、提供采购信息及咨询服务等系列化服务，增加电子商务公司的核心服务价值。

2. 电子商务为物流企业实现规模化经营创造了有利条件

电子商务为物流企业实施网络化与规模化经营搭建了理想的业务平台，便于物流企业建立自己的营销网、信息网、配送网。当然网络化经营的运作方式不一定全部由物流企业完成，第三方物流企业更多的应是集成商，通过对现有资源的整合完善自己的网络，实现物流功能的集成化。现在越来越多的企业认识到物流是获得竞争优势的重要手段，将价值链的概念引入物流管理，称物流为一体化供应链，物流系统的竞争优势主要取决于一体化，即功能整合与集成的程度。

3. 电子商务的虚拟技术为物流企业提高管理水平创造了有利条件

虚拟化与全球化发展趋势促使物流企业必须加强自身网络组织建设，电子商务的发展要求物流配送企业具备在短时间内完成广阔区域物流任务的能力，同时保持合理的物流成本。物流企业应该通过互联网整合现有的物流手段，加强与其他物流服务商的联系，加快海陆空一体化物流平台建设，拓展物流网上交易市场，从而提高物流资源综合利用率和服务水平。

二、电子商务对物流的影响

（一）电子商务改变了传统物流观念

传统的物流和配送企业需要置备大面积的仓库，而电子商务系统网络化的虚拟企业将散置在各地的、分属不同所有者的仓库通过网络连接起来，使之成为"虚拟仓库"，进行统一管理和调配，服务半径和货物集散空间都放大了。这样的企业在组织资源的速度、规模、效率和资源的合理配置方面都是传统的物流和配送所不可比拟的，相应的物流观念必须是全新的。

电子商务作为一种新兴的商务活动，它为物流创造了虚拟的运动空间。企业可以通过各种组合方式，寻求物流的合理化，使商品实体在实际的运动过程中，实现效率最高、费用最省、距离最短、时间最少的功能。

（二）电子商务改变了物流的运作方式

传统的物流和配送过程是由多个业务流程组成的，受人为因素和时间影响很大。网络的应用可以实现整个过程的实时监控和实时决策，并且这种物流的实时控制是以整体物流来进行的。新型的物流和配送的业务流程都由网络系统连接，当系统的任何一个环节收到需求信息时，该系统都可以在极短的时间内做出反应，并拟订详细的配送计划，通知各相关环节开始工作。这一切工作都是由计算机根据人们事先设计好的程序自动完成的。

物流和配送的持续时间在电子商务环境下会大大缩短，这对物流和配送速度提出了更高的要求。传统物流和配送的环节极为烦琐，在网络化的新型物流配送中心里可以大大缩短这一过程。

（三）电子商务改变了物流企业的经营

1. 电子商务改变了物流企业对物流的组织和管理

在传统经济条件下，物流往往是由某一企业来进行组织和管理，为企业自身服务的，而电子商务则要求物流从社会的角度来实行系统的组织和管理，以打破传统物流分散的状态。这就要求企业在组织物流的过程中，不仅要考虑本企业的物流组织和管理，更重要的是要考虑全社会的整体系统。

2. 电子商务改变了物流企业的竞争状态

在传统经济活动中，物流企业之间存在着激烈的竞争，这种竞争往往是依靠本企业提供优质服务、降低物流费用等进行的。在电子商务时代，这些竞争内容虽然依旧存在，但有效性却大大降低了。原因在于电子商务需要一个全球性的物流系统来保证商品实体的合理流动。对一个企业来说，即使它的规模再大，也是难以达到这一要求的。因此需要物流企业联合起来，形成一种协同竞争的状态，以实现物流高效化、合理化、系统化。

（四）电子商务促进了物流改善和提高

1. 电子商务促进了物流基础设施的改善

电子商务高效率和全球性的特点，要求物流也必须达到这一目标。物流要达到这一目标，良好的交通运输网络、通信网络等基础设施则是最基本的保证。

2. 电子商务促进了物流技术的进步

物流技术主要包括物流硬技术和软技术。物流硬技术是指在组织物流过程中所需的各种材料、机械和设施等；物流软技术是指组织高效率的物流所需的计划、管理、评价等方面的技术和管理方法。物流技术水平的高低是实现物流效率高低的一个重要因素。

3. 电子商务促进了物流管理水平的提高

物流管理水平的高低不仅直接决定和影响着物流效率的高低，也影响着电子商务高效率优势的实现。只有建立科学、合理的管理制度，将科学的管理手段和方法应用于物流管理中，才能确保物流的畅通进行，实现物流的合理化和高效化，促进电子商务的发展。

三、物流对电子商务的影响

在电子商务给物流带来巨大变化的同时，物流在电子商务活动中的地位与作用也日益重要。物流是实现电子商务的保障，是电子商务运作的重要组成部分，是电子商务实现"以顾客为中心"理念的最终保证，是增强企业竞争力的一个有效途径。

（一）物流的提质增效促进了电子商务服务水平的提高

电子商务通过快捷、高效的信息处理手段，可以比较容易地解决信息流——信息交换、商流——所有权转移、资金流——支付的问题，而只有将商品及时地配送到用户手中，完成商品的空间转移——物流，才标志着电子商务过程的结束。因此，物流效率高低是电子商务成功与否的关键，而物流效率的高低在一定程度上取决于物流现代化的水平。近年来，我国物流不断转型升级、提质增效，在促进了电子商务快速发展的同时，也大大提高了电子商务的服务水平。

效率不断提高的物流体系不仅能有效地提升电子商务企业的成交转化率，还能给消费者提供更好的购物体验。消费者通过网络购物，除考虑商品的性价比外，物流配送的时效性也是一个非常重要的决策维度。在其他条件相近的情况下，消费者往往会更愿意选择物流配送时效更快的服务。因此，各电子商务企业都在不遗余力地提高物流配送效率，以提高服务水平。以阿里巴巴的零售配送为例，其以菜鸟为物流基础，已经有很多种物流方式可供选择：盒马、饿了么可以 30 分钟达；淘宝、淘鲜达、天猫超市可以 1 小时达；菜鸟预售极速达可以凌晨付款，早上收货；银泰百货、居然之家可以定时达；菜鸟供应链仓内发货可以当日达、次日达。这些构筑了全新的城市消费需求响应网络，不管是线上线下、到店到家，消费者的需求都可以随时随地被满足，从而使消费者满意度更高，购物体验更佳。

（二）物流保障了电子商务顺利进行

电子商务交易大多是实体商品交易，实体商品交易从生产、采购到销售都需要大量的物流活动支持，如果没有相应的物流活动，电子商务就不能进行有效的运作。

首先，物流保障了电子商务交易中商品的生产。商品生产的全过程从原材料的采购开始，便要求有相应的供应物流活动，否则生产就难以进行；

在生产的各工艺流程之间，需要原材料、半成品的物流过程，以实现生产的流动性。合理化、现代化的物流，通过减少费用从而降低成本、优化库存结构、减少资金占压、缩短生产周期，保障现代化生产的高效进行。相反，缺少了现代化的物流，产品将难以顺利生产，此时无论电子商务是多么便捷的交易形式，仍将是无米之炊。

其次，物流保障了电子商务交易中商流活动的顺利进行。在商流活动中，商品所有权在购销合同签订的那一刻起，便由供应方转移到需求方，而商品实体并没有因此而移动。在传统的交易过程中，除了非实物交割的期货交易，一般的商流都必须伴随相应的物流活动。在电子商务环境下，消费者通过网上点击购物，便完成了商品所有权的交割过程，即商流过程，但电子商务的活动并未结束，只有商品或服务真正转移到消费者手中，商务活动才算结束。在整个电子商务的交易过程中，物流实际上是以商流的后续者和服务者的姿态出现的，是实现商流的保障。

（三）物流提高了电子商务企业竞争力

物流服务是电子商务企业极其重要的核心要素，从某种意义上来说优质的物流服务能够决定电子商务企业的成败，成为企业的核心竞争力。电子商务迅速发展，对物流的依赖也越来越深，为此，电子商务企业纷纷提前布局，提升物流服务能力，以满足消费者日益增长的网购需求。物流服务能力的提升也进一步促进了电子商务企业竞争力的提高。

以国内最早自行构建物流系统的电子商务企业京东为例：2007年，京东开始自建物流。2010年，京东在全国主要城市建设中转仓，实现了京东商城物流包裹的"211限时达"（上午11点前下单，当日送达；晚上11点前下单，次日送达）。2017年，京东正式成立了京东物流，建成了全球首个全流程无人仓。京东物流采取的是"统仓统配"模式。在此模式下，京东将商品提前放置到距离消费者最近的地方，使得一件货物只需运输两次，就可快速送达消费者。其中，第一次是从厂家到京东中转仓，在用户下单之前就已完成。第二次是从中转仓到用户，在用户下单之后开始运输。只要中转仓布局合理，就可在24小时抵达全国主要城市。此后，京东物流还推出了次日达、京准达、京尊达、极速达、长约达等多种物流配送服务。截至2022年9月30日，京东物流运营的仓库数量超过1 500个，含云仓在内，运营仓库总面积超过3 000万平方米。正是由于京东物流的高效和优质服务，提高了客户满意度及忠诚度，使其在电子商务的激烈竞争中脱颖而出，目前其营业收入和活跃用户数均持续高速增长。

电子商务与物流之间相互影响，相互促进，密不可分。二者的协同发展可以更大程度实现商业资源规模性整合和开发，有利于系统完善、实施服务营销和商业模式创新，有利于实现电子商务企业、物流企业、消费者和社会等多方多赢。

四、电子商务环境下物流业的发展趋势

电子商务时代，由于企业销售范围的扩大，企业和商业销售方式及最终消费者购买方式的转变，使送货上门等业务成为一项极为重要的服务业态，促使了物流行业的兴起。物流行业，即能完整提供物流机能服务，以运输配送、仓储保管、分装包装、流通加工等服务收取报酬。主要包括仓储企业、运输企业、装卸搬运企业、配送企业、流通加工企业等。信息化、多功能化、一流服务和全球化已成为电子商务环境下的物流企业的发展目标。

（一）信息化——现代物流业的必由之路

在电子商务时代，要提供最佳的服务，物流系统必须要有良好的信息处理和传输系统。另外，还有一个信息共享问题。生产企业有内部商业机密，物流企业很难与之打交道，因此，如何建立信息处理系统，以及即时获得必要的信息，对物流企业来说是一个难题。同时，在将来的物流系统中，能否做到尽快将货物送到客户手中，是其提供优质服务的关键之一。

商品与生产要素在全球范围内以空前的速度自由流动。电子数据交换与互联网的应用，使物流效率的提高更多地取决于信息管理技术，电子计算机的普遍应用提供了更多的需求和库存信息，提高了信息管理科学化水平，使产品流动更加便利、快捷。

（二）多功能化——物流业发展的方向

在电子商务的环境下，物流向集约化阶段发展。其要求物流业不仅提供仓储和运输服务，还必须进行配货、配送及各种提高附加值的流通加工服务项目，或者按客户的特别需要提供其他的特殊服务。电子商务使流通业经营理念得到了全面的更新，现代物流业从以往商品的制造、批发、仓

储、零售等环节，最终到达消费者手中的复杂途径，简化为从制造厂商经配送中心送到各零售点。从而使未来的产业分工更加精细，产销分工日趋专业化，大大提高了社会的整体生产力和经济效益，也使物流业成为整个国民经济活动的重要组成部分。

供应链也是一种可增值的产品，其目的不仅是降低成本，更重要的是提供用户期望以外的增值服务，以产生和保持竞争优势。从某种意义上讲，供应链是物流系统的充分延伸，是产品与信息从原料到最终消费者之间的增值服务。这种配送中心与公用配送中心不同，它是通过签订合同，为一家或数家企业（客户）提供长期服务，而不是为所有客户服务。供应链系统物流完全适应了流通业经营理念的全面更新。

因为，以往商品经由制造、批发、仓储、零售各环节间的多层次途径，最终到达消费者手里。现代流通业已简化为由制造经配送中心送到各零售点。它使未来的产业分工更加精细，产销分工日趋专业化，大幅提高了社会的整体生产力和经济效益，使流通业成为整个国民经济活动的中心。在这个阶段有许多新技术与方法的应用，如准时制系统（Just In Time，JIT）、销售时点系统（Point Of Sale，POS）。商店将销售情况及时反馈给工厂的配送中心，有利于厂商按照市场需求调整生产，以及同配送中心调整配送计划，使企业的经营效益跨上一个新台阶。

（三）一流服务——物流企业追求的服务目标

在电子商务环境下，物流企业是介于买卖双方之间的第三方，以服务作为第一宗旨。客户对物流企业所提供服务的要求是多方面的，因此，如何更好地满足客户不断提出的服务需求，始终是物流企业管理的中心课题。例如，物流配送中心，开始时可能提供的只是区域性物流服务，以后应客户的要求发展到提供长距离服务，再后来可提供越来越多的服务项目，包括到客户企业"驻点"，直接为客户发货；有些生产企业把所有物流工作全部委托给配送中心，使配送中心的工作延伸到生产企业的内部。

最终，物流企业所提供的优质和系统的服务使之与客户企业结成了双赢的战略伙伴关系：一方面，由于物流企业的服务使客户企业的产品迅速进入市场，提高了竞争力；另一方面，物流企业本身也有了稳定的资源和效益。美国、日本等国物流企业成功的要诀，就在于它们十分重视对客户服务的研究。

（四）全球化——物流企业的竞争趋势

电子商务的发展加速了全球经济一体化的进程，其结果将使物流企业向跨国经营和全球化方向发展。全球经济一体化使企业面临着许多新问题，要求物流企业和生产企业更紧密地联系在一起，形成社会大分工。对生产企业来说，要求集中精力制造产品、降低成本、创造价值；对物流企业来说，则要求花费大量时间和精力更好地从事物流服务，客户对物流企业的需求比原来更高了。例如，在物流配送中心，要代理进口商品的报关业务、暂时储存、搬运和配送，进行必要的流通加工等，完成从商品进口到送交消费者手中的一条龙服务。

第二章　我国电子商务物流发展研究

第一节　现阶段我国电子商务物流的基本情况

一、电子商务物流市场规模持续增长

自"十四五"以来，我国的电子商务不断发展壮大。2023年4月商务部电子商务司发布《中国电子商务报告（2022）》（以下简称"报告"）。报告指出，全国电子商务交易额43.83万亿元，同比增长3.5%。全国网上零售额13.79万亿元，同比增长4%，实物商品网上零售额11.96万亿元，同比增长6.2%；农村网络零售额2.17万亿元，同比增长3.6%，农产品网络零售额5 313.82万亿元，同比增长9.2%；全国跨境电商进出口总额2.11万亿元，同比增长9.8%，出口商品总额1.55万亿元，进口商品总额0.56万亿元；全国电子商务服务业营收规模6.79万亿元，同比增长6.1%，电子商务交易平台服务营收规模1.54万亿元，同比增长10.7%；电子商务从业人员6 937.18万人，同比增长3.1%。

电子商务物流是服务于电子商务的各类物流活动。近年来，我国电子商务与快递物流之间的协同发展不断加深。随着电子商务规模效益的不断提高，电子商务物流迎来了高速增长期。快递是电子商务物流的重要表现形式。

据中华人民共和国国家邮政局（以下简称国家邮政局）的统计数据显示，我国快递业务总量和收入不断增加，屡创新高。2022年，全国快递服务企业业务量累计完成1 105.8亿件，比2021年增长2.1%。

电子商务物流市场规模持续增长，其背后有着深层次的原因。首先，随着全球化和互联网技术的不断发展，跨境电子商务已经成为一种趋势。消费者对快速、高效、安全的物流服务的需求也在不断增加。这为跨境电商物流市场提供了广阔的发展空间。其次，政策环境的变化为跨境电商物流市场提供了更多的机遇。近年来，中国政府积极推动跨境电商的发展。例如，中国政府出台了一系列的政策，鼓励企业加强跨境电商合作，提高

通关效率，推进多元化市场建设，加强物流基础设施建设等，这些政策不仅为跨境电商物流市场带来了更多的机遇，也为市场规范化发展提供了保障。再次，疫情对传统跨境物流的综合影响推动了跨境电商物流市场的变革。传统跨境物流受疫情的影响较大，而跨境电商物流由于其特性，反而得到了更多的发展机遇。例如，跨境电商物流更加依赖于互联网技术，其运作效率更高，风险也相对较低。因此，在疫情期间，跨境电商物流市场得到了迅猛的发展。最后，我国加强了对跨境电商物流的支持。我国政府出台了一系列支持政策，如减税、补贴、优惠贷款等，为跨境电商物流提供了更多的支持。此外，我国还积极推动铁路、港口、机场等基础设施建设，以提高跨境物流的效率和质量。

我国电子商务物流市场规模持续增长的原因是多方面的。随着全球化和互联网技术的不断发展、政策环境的不断变化以及疫情等对传统跨境物流的影响，预计未来几年我国电子商务物流市场规模将继续保持增长态势。

二、电子商务物流增长速度稳中趋缓

近年来，随着我国电子商务和网上零售额同比增长速度趋缓，电子商务物流的业务量和收入增速有所回落。据国家邮政局统计数据显示，2022年，我国快递业务量和业务收入的增长速度稍有回落，与2021相比，同城、异地、中国港澳台地区及国际快递业务量的比重分别下降1.4个百分点、上升1.6个百分点和下降0.2个百分点。从地区看，东、中、西部地区快递业务量比重分别为76.8%、15.7%和7.5%。与2021同期相比，东、中、西部地区快递业务量比重分别下降1.3个百分点、上升1.1个百分点和上升0.2个百分点。中国物流与采购联合会和京东集团联合发布的2023年7月中国电商物流指数为110.9点，比6月小幅提高0.3个点。

从行业规模角度来看，随着电子商务行业的快速发展，电子商务物流行业也得到了快速发展。但是，由于电子商务行业的竞争加剧，以及消费者对物流服务要求的提高，电子商务物流行业的增长速度已经开始放缓。特别是在一些竞争激烈的市场，如服装、电子产品等，由于同质化竞争严重，物流服务成为消费者选择的重要因素，这也进一步加大了电子商务物流行业的竞争压力。

从物流成本角度来看，电子商务物流成本一直是企业负担较重的原因之一。虽然近年来电子商务物流行业规模快速增长，但是物流成本一直处于高位。这主要是由于物流行业本身的特点所决定的，如物流基础设施建设、运输成本、人力成本等都需要大量资金的投入。特别是在一些偏远地区，由于运输成本高、地形复杂等因素，物流成本更是居高不下。这也给电子商务物流行业的增长带来了一定的压力。

从技术应用角度来看，虽然近年来互联网技术在电子商务领域得到了广泛应用，但是在物流领域，技术的应用还相对滞后。例如，在物流行业的智能化、自动化方面，技术的应用还处于初级阶段，这不仅影响了物流效率和服务质量，也增加了企业的运营成本。

从政策环境角度来看，虽然近年来国家出台了一系列支持电子商务发展的政策，但是在物流领域，政策的支持力度还相对不足。例如，在城市配送、农村电商等领域，由于政策支持不足，企业难以获得足够的土地、资金等资源来建设配送中心和开展农村电商业务。

电子商务物流增长速度稳中趋缓的原因是多方面的。随着行业竞争的加剧、物流成本的提高、技术应用的滞后以及政策环境的不利因素等影响，电子商务物流行业的增长速度开始放缓。这也提醒着相关企业需要加强自身的技术创新和管理优化，提高物流效率和服务质量，以适应市场的变化和消费者的需求。同时，政府需要加强对电子商务物流行业的支持和引导，制定有利于行业发展的政策，以促进电子商务物流行业的健康发展。

三、电子商务物流政策体系不断完善

国家高度重视电子商务物流发展。2021年中央相关文件提出，加快完善县、乡、村三级农村物流体系，改造提升农村寄递物流基础设施，深入推进电子商务进农村和农产品出村进城，推动城乡生产与消费有效对接。促进农村居民耐用消费品更新换代。加快实施农产品仓储保鲜冷链物流设施建设工程，推进田头小型仓储保鲜冷链设施、产地低温直销配送中心、国家骨干冷链物流基地建设。

在农村电子商务物流建设方面，交通运输部推进"交通物流+电子商务"项目建设，鼓励电子商务物流企业加快装备升级改造。中华人民共和国国家发展和改革委员会（以下简称国家发展改革委）支持建立完善的适应农产品网络销售的物流、仓储等支撑保障体系。中华人民共和国商务部（以下简称商务部）、中华人民共和国财政部（以下简称财政部）等部门开展电子商务进农村综合示范，支持示范县发展农村电子商务及物流体系建设，截至2020年底，共在1 338个县开展电子商务进农村综合示范，实现国家级贫困县全覆盖。

在跨境电子商务物流建设方面，国家邮政局、商务部、中华人民共和国海关总署（以下简称海关总署）等部门支持企业设置海外仓，鼓励企业提供全程跟踪查询、退换货、丢损赔偿、拓展营销、融资、仓储等增值服务，支持跨境电子商务综合试验区所在地建设国际邮件互换局和快件监管中心。

从技术创新角度来看，中国电子商务物流体系的技术创新在不断推进。随着互联网、物联网、大数据等技术的不断发展，中国电子商务物流行业已经逐步实现了数字化、智能化。例如，通过物联网技术，可以实现货物的实时跟踪和监管，提高物流作业的透明度和安全性；通过大数据技术，可以对物流数据进行深入分析和挖掘，为企业的战略决策提供数据支持。

从政策环境角度来看，中国政府对电子商务物流行业的发展给予了越来越多的关注和支持。例如，政府出台了一系列政策来支持电商物流行业的发展，推动电商物流行业的转型升级。另外，政府还加强了对电商物流行业的监管和管理，为电商物流行业的发展提供了更加规范和稳定的发展环境。

从市场需求角度来看，随着中国电子商务市场的不断扩大和消费者对物流服务要求的提高，电商物流行业的需求也在不断增加。例如，在生鲜电商领域，由于消费者对生鲜食品的新鲜度和安全性的要求较高，因此生鲜电商的物流服务也必须跟上消费者的需求，提供更加快速、可靠、安全的物流服务。

在总结电子商务物流协同发展经验方面，商务部、国家邮政局围绕完善基础设施建设、优化配送通行管理、提升末端服务能力、提高协同运行效率、推动绿色发展等方面，总结出12项工作任务的典型经验做法。

四、电子商务物流创新动能加速释放

现代信息通信技术加速赋能电子商务物流企业，驱动电子商务物流向智慧化物流迈进。信息化管理系统、智能客服、无人车、无人机、无人仓等迅速普及，自动化分拣、扫描、称重设备的占比稳步提高，物流需求预警、物流动态预测、供应链智能分仓、车辆路径智能规划等将成为行业热点。2020年，日日顺物流启用大件物流首个智能无人仓，京东物流落成亚洲首个全流程智能柔性生产物流园——北斗新仓，菜鸟上线能打通商品存储到直接发货的全流程第三代无人仓。菜鸟供应链发布涵盖数智大脑系统、数智仓储运配服务、数智全案解决方案、商流联动产品等全链路、全场景的物流供应链服务产品体系。顺丰的"小优"、阿里巴巴的物流无人车"小蛮驴"等都是智能配送机器人的代表，能节省配送时间和人力成本、提高配送效率。

五、电子商务物流市场集中度进一步提升

近年来，我国电子商务物流市场集中度持续保持在高位。据国家邮政局发布数据，2022年快递与包裹服务品牌集中度指数CR8为84.5%，相比2021年的80.5%，集中度进一步提升。电子商务物流市场的主流企业仍然是京东、菜鸟、顺丰、"四通一达"等大型企业。京东注重自有物流方面的建设，并且以送达速度快、服务品质好赢得了用户的好评。阿里巴巴加强物流体系的建设和投资，依靠菜鸟，并通过投资百世、申通、圆通、中通、韵达等快递企业，来完成物流领域的布局。2015年，阿里巴巴联合云锋基金投资圆通；2018年，阿里巴巴以13.8亿美元投资中通；2019年3月，阿里巴巴投资46.6亿元，成为申通第一大股东，拥有45.59%的股份；2020年4月，阿里巴巴入股韵达，持有2%的股份。通过菜鸟的整合，阿里巴巴完成对整个物流网络的调度，进一步缩小与顺丰、京东在配送服务上的差异。

从行业规模与增长角度来看，电子商务物流行业近年来保持了快速增长的态势。随着电子商务市场的不断扩大，电商物流行业的需求也在持续增加。这种需求的增加不仅源自消费者对快速、高效物流服务的需求，也来自企业对降低物流成本、提高运营效率的需求。因此，这也为电子商务物流行业的创新发展提供了更多的机遇和动力。

从物流技术创新角度来看，现代计算机信息技术的不断发展和应用，为电子商务物流行业的创新提供了更多的可能性。比如，物联网、大数据、人工智能等技术的运用，可以实现物流过程的实时监控、智能调度、优化运输路径等，从而降低物流成本，提高物流效率和服务质量。同时，这些技术的应用可以提升物流行业的智能化、自动化水平，进一步推动电子商务物流行业的创新发展。

从商业模式创新角度来看，电子商务物流行业正在积极探索新的商业

模式。例如，共享物流、即时物流、社区团购等新兴模式不断涌现。这些新兴模式不仅可以更好地满足消费者的个性化需求，也可以通过优化物流环节、降低成本等方式提高企业的盈利能力。因此，这些新兴模式的出现为电子商务物流行业的创新发展提供了更多的动力。

从政策环境角度来看，政府对于电子商务物流行业的发展给予了更多的关注和支持。政府出台了一系列政策来推动电子商务物流行业的健康发展。这些政策的出台不仅有助于规范行业秩序、推动行业健康发展，也可以为电子商务物流行业的创新发展提供更多的政策支持和保障。

电子商务物流创新动能加速释放，这是由行业规模增长的持续扩大、物流技术创新的应用推广、商业模式创新的发展以及政策环境的支持等多个因素共同推动的结果。这种创新不仅有助于提高电子商务物流行业的整体竞争力，也可以为消费者提供更加优质、高效的物流服务，推动电子商务市场的持续繁荣和发展。同时，这种创新可以为企业带来更多的商业机会和价值，推动企业实现可持续发展的目标。

六、电子商务物流低碳转型加快

电子商务物流是贯彻节能环保理念、助力我国实现碳达峰、碳中和的重点领域。国家邮政局持续探索与推进快递包装绿色化，开展电子商务物流企业绿色采购试点和可循环中转袋（箱）全面替代一次性塑料编织袋试点。中国邮政、顺丰、申通、中通、菜鸟、京东等企业开展绿色包装行动，通过推广使用可降解塑料袋、无胶带纸箱、可循环中转袋等方式节能减排。国家发展改革委、中华人民共和国生态环境部（以下简称生态环境部）印发《"十四五"塑料污染治理行动方案》，明确到2025年，电子商务快件基本实现不再二次包装，可循环快递包装应用规模达到1 000万个。

电子商务物流低碳转型加快，主要是因为物流行业作为国民经济发展的重要支柱产业，对实现节能减排、推动绿色发展具有至关重要的作用。在政策层面，国家发布了一系列指导意见，以加快建立健全绿色低碳循环发展的流通体系。这包括推广绿色物流理念、研发绿色物流技术、优化绿色物流管理等方面。

从政策层面来看，国家出台了一系列政策来推动电子商务物流的低碳转型。这些政策包括鼓励企业采用先进的物流技术、优化物流管理、推广绿色物流理念等。这些政策的出台为电子商务物流的低碳转型提供了政策支持和保障。

从技术创新角度来看，电子商务物流企业在积极探索和研发新的物流技术和设备。例如，许多电子商务企业开始采用电动车辆、燃料电池车辆等新型能源运输工具来替代传统的燃油车辆。同时，企业在探索构建智能化的物流管理系统，通过人工智能、大数据等技术提高物流效率，减少能源消耗和碳排放。

从管理优化的角度来看，电子商务物流企业在积极优化管理流程和模式。例如，他们可以通过优化运输路线、减少无效运输等方式来减少碳排放。同时，他们通过采用先进的物流信息管理系统来提高物流效率，减少人力和物力的浪费。

电子商务物流低碳转型加快是行业发展的必然趋势。通过政策引导、技术创新和优化管理等多种方式，电子商务物流企业可以积极推动低碳转型，为实现绿色发展和节能减排做出贡献。同时，企业需要解决当前面临的一些挑战，以实现电子商务物流行业的可持续发展。

第二节 我国电子商务物流问题以及解决的措施和对策

一、我国电子商务物流发展的问题

在当今这个信息时代，网络信息技术和电子信息技术得到了飞速的发展，这使得我们普通人可以通过网络进行商品交易和信息交换。信息技术的发展和普及，推动了生活中信息、资金、商品和物流等的快速流通和转换，使我们能够在最短的时间内完成交易，提高效率。然而，在整个流通渠道中，电子商务运营最关键和最重要的环节是商品的转换，而这个重要环节需要依靠物流来实现。在我国，电子商务的物流配送存在一些问题，主要体现在以下几个方面。

（一）对物流发展缺乏真正的认识

我国对物流发展缺乏真正的认识，观念相对落后。虽然近年来我国物流产业发展迅速，但仍存在一些问题。其中主要原因是很多企业和企业管理者对物流发展的理解不够深入，缺乏对其重要性的真正理解。同时，物流企业规模小、专业化程度低、企业布局不合理等问题比较突出，导致物流资源的配置不合理和浪费，影响了物流产业的可持续发展。

在上述背景下，运用电子商务手段发展物流产业显得尤为重要。现代科技迅速发展的今天，电子商务已经成为商业领域不可或缺的一部分。通过电子商务手段，可以实现物流信息的快速传递和共享，提高物流效率和降低成本。同时，电子商务可以为企业提供更广阔的市场和销售渠道，增加企业的收益。

然而，在实践中，很多企业和企业管理者仍然将物流产业的关键看作是仓储和运输，而没有认识到运用电子商务手段提升物流能力的重要性。实际上，运用电子商务手段不仅可以降低成本、提高效率，更重要的是可以实现经济效益的最大化。例如，通过电子商务手段，可以实现订单处理、库存管理、销售预测等环节的自动化和智能化，提高企业的运营效率和生产效益。同时，可以实现与供应商、客户等之间的信息共享和协作，优化供应链和销售链，最终实现经济效益的最大化。

因此，我国应该加强对物流产业发展的规划和管理，提高物流企业专业化程度和企业规模，优化企业布局和资源配置。同时，鼓励企业运用电子商务手段提升物流能力，推动物流产业经济效益的最大化和可持续发展。

（二）物流专业人才短缺

在当前的电子商务时代，物流行业正经历着前所未有的变革和增长。随着电子商务的飞速发展，消费者的需求和期望也在不断变化，这使得物流行业必须不断创新和改进，以提供更加高效、可靠和个性化的服务。然而，物流专业人才的短缺已经成为阻碍物流行业发展的一个重要因素。

随着电子商务的飞速发展，物流行业也在快速扩张。新的物流技术和模式不断涌现，如智能物流、云物流等，使得物流行业的竞争越来越激烈。然而，物流专业的教育和培训往往滞后于行业的发展速度，导致人才供应跟不上需求。

现代物流业对专业人才的技能要求越来越高，尤其是在大数据分析、物联网技术、人工智能等领域。然而，目前许多高校物流专业的学生缺乏对这些领域的深入理解和实践经验，难以满足企业的需求。

物流行业的特性决定了其从业人员需要频繁地与客户、供应商以及其他业务伙伴进行沟通。这可能导致人才流动率较高,进一步加剧了专业人才短缺的问题。

当前的高等教育体系在物流专业的教育和培训方面存在一定的不足。一方面,课程设置过于理论化,与实践结合不够紧密;另一方面,教学缺乏对新技术和新模式的及时跟进,导致学生无法掌握最新的行业动态和技能。

由于物流行业的特性,很多企业在招聘物流专业人才时面临很多困难。同时,由于物流工作的压力较大,很多毕业生不愿意从事物流行业,进一步加剧了人才短缺的问题。

在某些地区,如新兴的网络经济和电商企业发展较快的地区,物流专业人才短缺的问题尤为严重。这些地区对物流专业人才的需求远超过当地高等教育体系的供给能力。

(三)物流业发展的基础环境落后

物流业发展的基础环境包括:交通运输设施方面、信息传输设备方面等。由于我国物流产业多为自主经营企业,通信设备、网络设备相对落后,且运输枢纽规模小,运输方面的基础设施相对陈旧无法高效运转。运输网点不多,因此信息覆盖面窄,收集及整理信息不合理不完全。以上方面未成体系不能满足现代电子商务物流产业的需求,并且制约着我国电子商务物流的发展。

(四)物流行业标准相对不统一

在物流行业中,虽然有一些基本的物流标准,如国家物流标准、国际物流标准等,但这些标准往往只是针对某一特定的物流环节或者特定的物流活动,缺乏一个统一的、全面的物流标准。这使得不同的物流企业之间难以进行有效的合作和信息共享,增加了物流成本和降低了物流效率。

由于不同的物流企业可能采用不同的物流信息系统,这些系统之间的数据格式、接口标准等可能存在较大的差异,这导致不同的物流系统之间难以进行数据共享和信息交流,增加了企业的"信息孤岛"现象。

另外,在物流行业中,各种物流设施设备的标准也是不一的。例如,不同的仓库、不同的运输车辆、不同的装卸设备之间可能存在较大的差异,这使得不同的设施设备之间难以进行有效的衔接和配合,增加了物流成本和降低了物流效率。

由于缺乏统一的物流标准和服务标准，不同的物流企业可能采用不同的服务标准和流程，这导致物流服务的质量标准参差不齐。一些物流企业的服务可能存在延误、货损等问题，而一些物流企业的服务则可能非常高效、可靠。

（五）物流法规不完善

目前，国内还没有专门针对物流行业的法律法规。虽然《中华人民共和国物流业发展中长期规划（2013—2020年）》等文件对物流业的发展做出了一定的指导，但这些文件更多地被视为一种政策性文件，缺乏法律强制性。这使得物流企业在经营过程中缺乏法律保障，难以规范和约束企业的行为。

虽然国内已经出台了一系列的物流相关法律法规，但是这些法律法规之间往往存在一定的矛盾和冲突。例如，不同地区的物流法规可能存在差异，导致企业在跨地区经营时无所适从。此外，不同层级的法律法规之间也可能存在冲突，导致企业无所适从。

虽然国内已经建立了一定的物流法律法规体系，但是在实际执行过程中存在力度不够的问题。一些地方政府对物流违法违规行为的查处不够严格，导致一些不规范的企业和个人得以逍遥法外，严重影响了物流行业的健康发展。

随着电子商务、物联网等新技术的不断发展，物流行业也在不断变革和创新。然而，现行的物流法律法规往往滞后于行业的发展，难以适应新的形势和需求。这使得一些新的物流模式和业态在面临经营风险时缺乏有效的法律保障。

二、电子商务物流发展的措施和对策

国内物流的迅速发展给很多企业降低成本提供了有利条件，物流配送也借此提升了市场竞争力，在政府部门的政策支持之下，鼓励国外资本投资国内物流和配送设备。在这种大环境下，诸如条形码、计算机技术、电子数据交换、物资需求计划等高科技物流配送技术进入我国。为了适应市场化、网络化、全球化的经济发展趋势，电子商务环境之下的发展应该从硬件设备和软件设备两方面入手，两者相辅相成，共同支撑并影响电子商务物流的发展，具体的对策有以下几点。

（一）加快电子商务物流的配送体系建设

电子商务的快速发展，对物流配送体系的建设提出了新的挑战和要求。然而，在现实中，电子商务物流配送体系建设存在诸多问题，如各职能部门对现代物流认识不足、缺乏统一协调的战略思想、政府多头管理体制、法律法规不完善、物流配送企业的设立受到限制等。这些问题在一定程度上制约了电子商务的发展，影响了其快速、高效、便捷优势的发挥。

第一，需要转变观念，加强对物流的重视程度。各职能部门和企业管理者需要充分认识到物流是电子商务的重要组成部分，是实现电子商务高效、快速、便捷的重要保障。只有提高对物流配送的重视程度，才能更好地推动电子商务的发展。

第二，需要加强战略协调，统一规划电子商务物流配送体系。政府应加强对物流行业的统一规划和管理，打破地区封锁和行业垄断，建立起统一、开放、竞争有序的物流市场。同时，各职能部门应加强协调合作，共同制定电子商务物流配送体系的发展战略，明确发展目标，落实各项政策措施，推动电子商务物流配送体系的健康有序发展。

第三，建设完善的物流配送基础设施网络。电子商务物流配送网络需要覆盖全国各地，包括偏远地区和农村地区。因此，需要加大投入力度，建设完善的物流配送基础设施网络，包括运输、仓储、包装、配送等环节。同时，应积极引入先进的物流技术和设备，提高物流配送的效率和准确性。

第四，加强专业人才的培养和引进。电子商务物流配送体系建设需要大量的专业人才支持。政府和企业应加强对专业人才的培养和引进，通过建立培训基地、加强校企合作、引进国际先进经验等方式，提高专业人才的素质和能力水平，为电子商务物流配送体系的建设提供人才保障。

第五，加强法律法规建设，完善物流配送行业的法规体系。政府应加强对物流配送行业的法律法规制定和完善工作，建立健全物流配送行业的法规体系。同时，应加强对物流配送企业的监管力度，规范市场秩序，提高行业的整体水平和服务质量。

总之，加快电子商务物流的配送体系建设需要政府、企业和社会各方面共同努力。只有重视物流配送体系建设、加强战略协调、完善基础设施网络、培养专业人才和加强法律法规建设等多方面措施的实施，才能推动电子商务物流配送体系不断发展和完善，为电子商务的快速发展提供有力保障。

（二）加强互动广泛开展培训和教育工作

加强互动广泛开展培训和教育工作对电子商务物流配送体系建设具有重要意义。在电子商务快速发展的背景下，物流配送企业员工需要不断更新知识和技能，以适应市场的变化和需求。然而，当前许多物流配送企业的员工队伍存在知识水平低、技能不足等问题，难以满足企业的需要。

为了解决这个问题，企业应该加强与员工之间的互动，广泛开展培训和教育工作。具体而言，企业可以采取以下措施。

第一，建立完善的培训体系。企业应该根据自身发展和市场需求，制订全面、系统的培训计划。培训内容可以包括物流配送专业知识、技能培训、操作规范等方面。通过培训，提高员工的专业素质和操作技能水平，增强员工的服务意识和责任心。

第二，加强与员工之间的互动。企业可以通过定期座谈、问卷调查等方式，及时了解员工的需求和意见，积极改进培训内容和方式，增强培训效果。

第三，开展多样化的培训形式。企业可以通过内部培训、外部培训、网络培训等方式，开展多样化的培训形式。这样可以使员工更容易接受培训内容，提高学习的积极性和主动性。

第四，加强与高校的合作。企业可以与高校建立合作关系，共同开展人才培养和技术研究工作。这样可以使企业更容易获得高素质的人才资源，同时可以为高校提供实践机会，促进产学研合作。

总之，加强互动广泛开展培训和教育工作对电子商务物流配送体系建设至关重要。只有不断提高员工的素质和技能水平，才能更好地满足市场需求和企业发展需要，为电子商务物流配送体系的建设提供有力保障。

（三）建立配送中心的物流服务体系

建立配送中心的物流服务体系对电子商务物流配送体系建设具有重要意义。配送中心是物流服务体系的核心，它具备货物集散、存储、分拣、配货、流通加工等功能，是实现电子商务高效、快速、便捷的重要保障。然而，当前许多电子商务企业的配送中心存在管理混乱、信息化水平低、配送效率不高等问题，影响了电子商务的发展。为了建立完善的配送中心物流服务体系，可以采取以下措施。

第一，加强信息化管理。配送中心应该采用先进的信息技术，如射频识别、条形码、电子数据交换等，实现货物信息的实时采集和更新。这样可以使企业及时掌握货物库存、销售情况等信息，为决策提供数据支持。

第二，实现配送中心的自动化。配送中心应该采用自动化设备和技术，如自动化立体仓库、自动分拣机等，实现货物的自动化存储、分拣和配货。这样可以提高配送中心的效率和准确性，减少人工干预和错误率。

第三，建立快速反应机制。配送中心应该建立快速反应机制，根据客户需求和市场变化，及时调整配送计划和策略。同时，应该建立应急处理机制，对突发情况及时响应和处理，提高配送中心应对突发事件的能力。

第四，加强与供应商和客户的协同。配送中心应该加强与供应商和客户的协同，实现信息共享和业务联动。这样可以提高供应链的透明度和效率，降低库存和成本，提高客户满意度。

第五，建立完善的配送网络。配送中心应该建立完善的配送网络，覆盖全国各地，包括偏远地区和农村地区。这样可以提高配送服务的覆盖范围和到达率，满足不同地区客户的需求。

总之，建立配送中心的物流服务体系需要加强信息化管理、实现自动化、建立快速反应机制、加强与供应商和客户的协同以及建立完善的配送网络等多方面措施的实施。只有这样，才能建立起高效、可靠、便捷的电子商务物流配送体系，为电子商务的发展提供有力保障。

（四）打造有助于现代物流配送的体制环境

打造有助于现代物流配送的体制环境是促进现代物流配送发展的关键因素之一。

物流业作为国民经济的基础产业，需要法律法规的规范和支持。政府应加强对物流行业的监管，制定有利于物流配送发展的政策和法规，为物流配送的发展提供法律保障。例如，制定有利于物流企业发展的税收政策、贷款政策、土地政策等，以及规范物流市场的法律法规，为物流配送的健康发展提供坚实的法律基础。

交通运输基础设施是物流配送的基础，其完善程度直接影响到物流配送的效率和质量。政府应加大对交通运输基础设施建设的投入力度，包括公路、铁路、水路、航空和管道等运输方式的投资和建设，提高交通运输的通达性和效率性。同时，应积极发展多式联运、集装箱运输等先进的运输组织方式，提高运输效率和质量。

物流市场管理和行业管理是打造有助于现代物流配送体制环境的关键之一。政府应制定完善的物流市场管理和行业管理规定，规范市场竞争行为，打破地区、行业壁垒，实现物流市场的公平竞争。同时，应建立完善的物流统计和监测指标体系，加强对物流行业的监测和分析，及时掌握物流行业的发展动态，为政府决策提供依据。

打造有助于现代物流配送的体制环境需要政府、企业和社会的共同努力。政府应完善法律法规、加强交通运输基础设施建设和市场管理，同时支持和促进教育和人才培养以及企业创新和技术进步等方面的发展。只有建立良好的体制环境，才能推动我国现代物流业的快速发展，提高我国物流行业的整体竞争力，为国民经济的发展做出更大的贡献。

（五）完善物流领域网络建设

将政府的推动以及市场运作的方式充分利用，加快全国物流多媒体高速公路的建设，将物流、数字、网络技术有机地结合在一起。加快多个物流网络平台的建设，完善实物网络和虚拟网络，发挥网络资源优势组织和监理网上物资贸易和配送服务，提升全国范围内的搜索、代理和服务能力，缩短物流交换和作业的时间。加快完善电子数据交换项目建设进程，建立交通通信服务专网系统，利用数字编码、调制、时分多址技术实现现代化蜂窝通信技术的集成，并与职能系统互联。建立大交通体制发挥海陆空交通网络的全面立体职能建立运输平台，形成商品配送和电子商务共同作业的现代化物流模式。推行敏捷化改造。当前商务物流发展的当务之急是建设有规模有水平的综合化物流企业。一是侧重物流企业内部网络建立电子数据交换技术和互联网络尽快推行敏捷化改造，争取实现从订货到生产再到售后服务的全程服务。优化电子商务的配送中心和物流中心重新设计电子商务的流通渠道，减少物流整个过程中的不必要环节，简化流程提升反应速度。二是通过与国外先进物流企业进行合作，使得较完善的物流网络与全球物流网络实现无缝对接，为电子商务品牌以及网站提供系统规划、咨询和集成到第三方物流的全球一体化解决方案。

在电子商务发展中，物流成为其实施的主要保证，成为重要的组成部分。电子商务将物流视为企业的核心和基础，在商务这个大的领域当中，不分国籍不分地域，独创自己特色的商业领域。现如今，网络技术发展迅速，已经普及到千家万户，因此使电子商务在 21 世纪蓬勃发展起来，并日渐成为主流业务。电子商务物流的发展对我国一些企业参与国际竞争发挥了主要作用，并因此拉近了国家之间的距离。虽然电子商务物流在发展的过程中存在着各种各样的问题，但是相信在科技不断进步的今天，我们一定能克服这些困难。与此同时，我们要认真研究和学习电子商务物流，结合我们国家的国情，制订一些能促进我国电子商务物流行业发展的计划，使电子商务物流业有更加广阔的发展空间。

第三节　我国电子商务物流发展的趋势

新时期，在电子商务快速发展的强势需求拉动下，我国电商物流继续保持快速增长。电商物流的快速发展，对物流地产及高端仓储设施的需求强劲。为扩大市场份额，延伸产业链及价值链，电商企业在全国范围内大面积布点，纷纷建立电商物流园区，并逐步向三四线城市拓展。随着企业主体多元发展，经营模式不断创新，服务能力显著提升，电子商务物流已成为现代物流业的重要组成部分和推动国民经济发展的新动力。我国电子商务物流面临的经济社会环境发生重大变化——从降本增效到提质增效、从粗放发展到高质量发展、从求数量增长到发展绿色物流，说明电子商务发展对物流服务质量的要求越来越高、对物流时效的要求越来越高、对物流资源共享利用的要求越来越高。"懒人经济"现象的出现导致对城乡物流配送"最后一公里"的需求越来越多。

在新时代电子商务物流发展背景下，我国电子商务物流的发展趋势主要体现在智慧化、共享化、绿色化、标准化、全球化及农村化等方面。

一、电子商务物流实现智慧化

（一）智慧物流信息传输系统向互联网＋物联网方向发展

在"互联网＋"的背景下，电商物流也衍生出多种业态，新模式不断涌现。终端消费者对多元化服务的需求进一步细化，电商物流企业适时推出终端智能柜、物流保险、特殊物品物流、逆向物流等主动服务和个性服务。随着供给侧结构性改革的深入推进，电子商务、制造业、跨境贸易等关键产业不断升级，电商物流上下游产业环境也随之优化和升级，这必将对电商物流服务内容提出更高要求，仓配一体化、供应链管理等业务种类将加快拓展。另外，跨境贸易的发展也将为电商物流企业注入新的发展活力。在电子商务物流配送领域，电子商务与快递物流最早应用物联网技术进行快递包裹的追踪与追溯，进而延伸到整个系统物流透明化管理，实现了全链路信息互通。在传统电子商务配送领域，线上与线下的信息连接从车货匹配的信息互通开始，逐步向与仓储系统、门店系统、品牌商互联互通的深度连接方向发展。围绕面向企业和客户的消费场景，物流作为线上交易的履约渠道，BtoB配送与BtoC、CtoC配送的配合与协同逐渐增强，共同推动对消费者订单的快速响应。

（二）智慧物流思维系统向程控化方向发展

目前，电子商务物流与快递企业的数字化发展最快，通过直接对接电子商务平台大数据，大力推进物流配送的标准化电子面单，实现一单到底，实现了物流配送全链路数字化，并积累了庞大的智慧物流数据资源，具备了智慧城市配送的发展条件。在传统的面向门店的电子商务配送领域，先进的商贸流通企业与物流企业基本实现了数字化发展。在传统的城市配送的第三方物流领域，近年来涌现出很多创新性企业和创新模式，如云鸟配送的智慧共配、唯捷城配的天穹系统等在推动着智慧城市配送的创新发展。

（三）智慧物流执行系统向无人化和柔性自动化方向发展

电子商务物流系统的自动化发展最快，先进的物流配送中心已经初步实现柔性自动化与无人化；先进的大型连锁零售企业的大型物流中心实现了自动化；传统的物流配送企业目前发展不快，大部分处于机械化发展阶段，很多物流作业还处于原始人工搬运阶段，发展很不平衡。其实，物流机械化与自动化技术早已出现，起初主要应用在先进的制造业物流领域。近几年，电子商务配送领域的物流自动化发展与电子商务的发展有密切的联系。物流自动化技术与传统的物流自动化不同，现在为电子商务与物流领域的物流自动化技术装备，可以联网、互联互通。

二、电子商务物流实现共享化

（一）智慧物流推动共享物流发展

电子商务配送中的共享物流主要是指跨行业、跨企业、跨竞争对手和跨区域的全面物流资源共享，从而提高物流系统效率、降低物流成本、推动物流系统变革的物流模式。可以用于共享的物流资源主要有物流信息资源、物流技术与设备资源、仓储设施资源、终端配送资源、物流人力资源等。智慧物流让物流资源的信息更加透明，让闲置的物流资源可以共享，从而推动众多共享物流模式创新。例如，城乡物流共同配送是共享物流配送资源的创新模式，共享云仓是城市配送企业共享仓储设施的创新模式，智能快递柜是共享城市末端配送设施的创新模式，物流众包是共享物流人力资源的创新模式，托盘与周转箱循环共用是上下游配送企业共享物流单元化载具的创新模式等。

（二）智慧物流推动物流先行

近年来，几乎所有电子商务物流系统都在做前置仓，其原理就是借助大数据分析和预测，建立数字路由、数字分仓，提前把货物前置到离客户最近的仓库中，从而实现物流配送的快速响应，以便大幅提升物流效率。前置仓带来的变化非常多，它要求有准确的销售预测，需要利用厂家库存、供应商库存、经销商库存、商家库存等来实现利用数据分仓和分布式联动控制。库存分布式管理控制对大数据的预测与分析的要求非常高，其优化与运筹计算也非常复杂。

（三）智慧物流推动即时物流变革

即时物流是最传统的点对点物流服务，为什么在城乡物流配送中即时物流发展得这么快呢？主要原因是随着智慧物流技术的发展，实现了即时物流系统的智慧调度，可以让即时物流调度系统面对数量庞大的订单、众多的骑手、复杂的路径、即时配送的精准要求，实时做出智慧响应——定位最近的骑手、优化最优路径、计算最准确的配送时间，从而满足客户的即时配送需求。此外，即时物流可以从门店末端向上游连接，优化门店流通服务的供应链；与新零售对接，把新零售物流配送服务延伸到消费者末端；在门店之间建立连接，实现门店与门店之间的货物调拨，推动物流供应链体系变革。

三、电子商务物流实现绿色化

（一）物流仓储设施绿色化认证

中国仓储与配送协会一直在推动绿色物流落地实施，在城乡配送仓储设施绿色化发展方面，中国仓储与配送协会通过制定绿色仓库标准，推动绿色仓库的认证，通过以标准化为抓手来推动绿色仓储设施解决方案的落地实施。2017年5月1日，我国商务行业标准《绿色仓库要求与评价（SB/T11164-2016）》正式实施。在企业的积极支持下，已经有京东、苏宁、宇培、中外运、宇臻仓储、万纬仓储、万东仓储等先进企业的数十座库区通过了绿色仓库的评估与认证，获得了中国绿色仓库的星级认证证书。据了解，这些库区共同的特点是选址合理，规划科学，设计适度超前，土地利用率高，其在节能、节水、节材方面的措施明显，能够有效地节约资源、降低能源消耗、减少污染排放、提高物流效率。

（二）物流绿色技术装备应用

在电子商务物流配送领域，最主要的绿色物流装备是新能源车辆。近年来，在商务部、交通运输部等部门的指导下，很多城市出台了优先新能源车辆进城等措施，以便促进城乡配送领域新能源车辆的快速发展。在其他绿色物流技术装备应用方面，中国仓储与配送协会积极推动商务部、中华人民共和国工业和信息化部（以下简称工业和信息化部）等几个部委发布的《企业绿色采购指南（试行）》与《中国绿色物流技术装备的推荐目录》对接，已经出台了两批《中国绿色物流技术装备的推荐目录》。中国仓储与配送协会通过对接《中国绿色物流技术装备的推荐目录》，推动企业积极采购与应用绿色化的物流技术装备，让物流技术装备的绿色化落地。

（三）物流包装绿色化发展

我国的电子商务快递包裹量非常大，据统计，2022年，我国的快递业务量达到1 105.8亿件，同比增长2.7%。推进绿色包装已经刻不容缓，引起全社会的关注。

目前，推动绿色包装的基本原则已经形成社会共识：首先，实施减量包装，减下来就没有消费，不产生包装垃圾，是最绿色的。其次，对不能够做到减量包装的部分，优先推进包装物循环使用。众多城市配送企业都在积极探索循环使用包装物的措施，如京东、苏宁、菜鸟等企业。然而，目前可循环使用的包装物的数量很少，全社会包装物回收体系还没有形成，包装物回收成本高、回收不便利，循环使用包装物难以全面推广。最后，不能循环使用的包装物，希望能够循环利用，即让包装废弃物实现回收再利用。在包装物循环利用方面，我国走在了世界前列，在城市中拥有庞大的垃圾回收大军，各类纸箱等废弃物通过广泛存在的垃圾收集归类，实现了回收再利用。

四、电子商务物流实现标准化

（一）"物"的标准化

托盘标准化已经深入人心，商务部等 10 部门发布《关于推广标准托盘发展单元化物流的意见》，国家相关部门出台的各类物流政策文件也都提出了托盘标准与单元化物流发展的相关要求。在国家政策的推动下，广大物流企业已经认识到了托盘标准化的重要性，开始自发地推动托盘标准化。推动托盘标准化的巨大进展给托盘租赁企业带来了巨大的发展机遇，招商路凯用于租赁的标准托盘总量已经达到千万片，各地区中小托盘租赁公司也纷纷创立，并开展立足本地市场的标准托盘租赁服务。此外，标准化的物流周转箱（筐）等单元化载具在市场中也获得了大发展，各地生鲜蔬果主发零售企业通过租赁物流周转筐既大幅提升了物流效率，又降低了生鲜蔬果的损耗；很多制造企业利用循环共用的标准化周转箱，既提升了物流与供应链效率，又降低了物流成本。

（二）"流"的标准化

带托运输已经得到很多企业的认可，标准托盘循环共用带动了按托订货、按托交货、货物交接免验货，促进了物流流程的顺畅互通与无缝衔接。另外，将物流单元作为追溯单元，也带动了物流信息的互联互通、推动了智慧物流的发展。

（三）"链"的标准化

"链"的标准化是供应链体系建设的核心内容，近年来商务部通过供应链体系建设试点示范，大力推进物流编码的统一与规范。通过采用国际物品编码组织编码标准,给物流标准单元赋码,相当于给物流单元设置了一个统一规则的身份证,从而统一了物流各环节的物品编码,解决了过去物品编码不统一的"万码奔腾"问题。在统一编码的基础上,以标准的物流单元为基础,让物流单元成为物流信息单元、计量单元、订货单元、作业单元,从而实现了供应链上下游的"四流合一"与高效协同。

五、电子商务物流的全球化及农村化

全球化的物流定位及物流模式,使物流企业面临着许多新的竞争问题。例如,共建"一带一路"跨境电子商务物流将蓬勃发展,跨境电子商务等新业态、新模式为共建"一带一路"国家的经济发展提供了新动力。据全球化智库发布的《BtoC 跨境电商平台"出海"研究报告》显示,2010 年至今,在跨境电子商务平台成交总额进入前 10 的国家中,共建"一带一路"国家的占比为 38%。基于阿里巴巴跨境电子商务大数据编制的共建"一带一路"国家跨境电子商务连接指数显示,东欧、西亚、东盟国家与中国跨境电子商务的连接最紧密。未来,作为跨境电子商务物流经验最丰富的国家,我国将在共建"一带一路"国家建设海外仓、物流专线等,完善当地的电子商务物流基础设施。另外,我国还将向共建"一带一路"国家输出跨境电子商务物流技术和标准,提高通关便利化水平。此外,还有一个信息共享问题,很多企业有不少企业内部的秘密,物流企业很难与之打交道。因此,如何建立信息处理系统,以及时获得必要的信息,对物流企业来说是个难题。同时,在将来的物流系统中,能否做到尽快将货物送到客户手里,是提供优质服务的关键之一。

在全球化的同时,电子商务物流的农村化、城市本地化也在快速演进,伴随这样一个过程,快递物流行业从骨干路线的覆盖进一步走向支线,形成"毛细血管"的覆盖。物流快递"毛细体系"的建立是新时代农村电子商务物流领域的亮点之一。以顺丰、菜鸟、京东等为代表的新时代电子商务物流快递企业,正在将其"毛细体系"铺设到农村,让农村居民得到与城镇居民一样的普惠的商业服务。

六、电子商务物流市场主体将更加多元化

一方面,随着外部产业的融合、资本市场的加速进入以及同业、同区域整合,优质资源要素和人力要素进一步向龙头企业聚集,市场集中度将

进一步提高；另一方面，在快递公共服务站、连锁商业合作、第三方服务平台等创新模式不断涌现的同时，传统快运、物流企业也开始纷纷跨界进入快递及电商物流领域、向专业化、区域化、平台化方向发展。

此外，随着"互联网＋"的驱动及平台经济的发展，碎片化的物流资源通过互联网和平台整合进入市场，"平台＋个人"的商业模式正在出现，正逐步探索、演化，成为新的电商物流服务提供者和市场参与者。

第三章 电子商务物流的主要运行模式分析

第一节 第三方物流

一、第三方物流概述

（一）第三方物流的产生

随着信息技术的发展和经济的全球化，越来越多的产品在世界范围内流通、生产、销售和消费，物流活动日益庞大和复杂，而第一二方物流的组织和经营方式已不能完全满足社会需要。同时，为参与世界性竞争，企业必须确定核心竞争力，加强供应链管理，降低物流成本，把不属于核心业务的物流活动外包出去。于是，第三方物流应运而生。

我国最早的理论研究之一是第三方物流的模式与运作。第三方物流的服务包括设计物流系统、电子数据交换能力、报表管理、货物集运、选择承运人及货代人、海关代理、信息管理、仓储、咨询、运费支付、运费谈判等。由于服务业的方式一般是与企业签订一定期限的物流服务合同，所以有人称第三方物流为合同契约物流（contract logistics）。

第三方物流内部构成一般分为两类：资产基础供应商和非资产基础供应商。资产基础供应商有自己的运输工具和仓库，通常实实在在地进行物流操作。非资产基础供应商则是管理公司，不拥有资产或租赁资产，其提供人力资源和先进的物流管理系统，为顾客提供专业物流服务。

（二）第三方物流的概念

第三方物流（Third-Party logistics，3PL）是指生产经营企业为集中精力搞好主业，把原来属于自己处理的物流活动，以合同方式委托给专业物流服务企业，同时通过信息系统与物流企业保持密切联系，以达到对物流全程管理控制的一种物流运作与管理方式。第三方物流是相对"第一方"发货人和"第二方"收货人而言的，是由第三方物流企业来承担企业物流活动的一种物流形态。第三方物流既不属于第一方，也不属于第二方，而是通过与第一方或第二方的合作来提供其专业化的物流服务，它不拥有商品，不参与商品的买卖，而是为客户提供以合同为约束、以结盟为基础的、系列化、个性化、信息化的物流代理服务。

广义的第三方物流可定义为两者的结合，第三方物流因其所具有的专业化、规模化等优势在分担企业风险、降低经营成本、提高企业竞争力、加快物流产业的形成和再造等方面发挥了巨大作用，已成为21世纪物流发展的主流。

狭义的第三方物流是指能够提供现代化的、系统的物流服务的第三方的物流活动。

（三）第三方物流与传统物流委托的异同

传统物流委托只是将企业物流活动的一部分，主要是物流作业活动，如货物运输、货物保管交由外部的物流企业去做，而库存管理、物流系统设计等物流管理活动以及一部分企业内部物流活动仍然保留在本企业。物流企业是站在自己物流业务经营的角度，接受货主企业的业务委托，以费用加利润的方式定价，收取服务费。提供系统服务的物流企业是以使用本企业的物流设施，推销本企业的经营业务为前提，而并非是以货主企业物流合理化为目的来设计物流系统。

第三方物流企业是站在货主的立场上，以货主企业的物流合理化为设计物流系统运营的目标。同时，第三方物流企业不一定要有物流作业能力，也就是说可以没有物流设施和运输工具，不直接从事运输、保管等作业活动，只是负责物流系统设计并对物流系统运营承担责任。具体的作业活动可以采取对外委托的方式由专业的运输、仓库企业等去完成。即使第三方物流企业拥有物流设施，也会将使用本企业设施的比例控制在较低范围内，以保证向货主企业提供最适宜的物流服务。第三方物流企业的经营效益直接同货主企业的物流效率、物流服务水平及物流效果紧密联系在一起。现代物流是伴随社会化大生产进程产生和发展的。随着科学技术的进步、贸易范围的扩大，其功能也在不断拓展，服务领域不断延伸，因此现代物流的发展呈现出一体化、网络化、智能化、专业化、社会化、国际化等趋势。

现代物流业存在于国民经济体系之中，但又具有区别于其他产业门类的独特产业特性，它是一个复合产业，依附于其他产业，具有明显的外部性等，这些产业特性必然使物流业的发展有着个性化的独特趋势。随着产业环境、服务对象以及产业自身的发展变化,现代物流正呈现出许多新的发展趋势。

1. 产业布局:新的物流中心伴随产业转移而兴起

现代物流这种先进的管理模式首先是从经济较为发达的地区发展起来的。在这些地区,随着产业规模的扩大、分工的细化,要求物资在生产、流通和消费环节之间更为顺畅地流转。在需求的引导下,现代物流逐渐发展、成熟起来,一些大的物流中心在这些地区逐渐形成。

另外,产业的积聚也使这些地区的土地、原材料、劳动力等生产成本不断上升,资源约束也日益凸现,于是大批产业特别是对原材料、劳动力投入量较大的制造业开始从这些地区转移出来,而承接这些产业的基本都是经济相对欠发达,拥有大量廉价原材料和劳动力的地区。

以制造业为主的这些转移产业生成的物流量巨大,对物流服务需求旺盛,因此,产业的转移必然引起物流中心的转移。海运是国际物流最主要的载体,20世纪90年代以前,全球的大型港口主要集中于欧洲和北美,而近年来亚洲港口以令人惊讶的速度成长起来。如今,全球最繁忙的集装箱港和远洋班轮航线都集中于亚洲和太平洋地区,这些港口绝大多数都是具有综合物流功能的第三代港口。这些地区以港口为核心,不但整合其他运输方式,拓展各种物流服务功能,成为新兴的国际物流中心,这些物流中心又通过国际航线的延伸和信息的交汇构筑了覆盖全球的物流网络。

由于国际的产业转移是发生在国与国之间的,发达国家转移出来的产业首先落户于发展中国家区位条件相对较好、物流环境相对完善的地区,而这些地区会因为承接了转移产业而使经济发展加速,同时其本地产业也依靠外来资金和技术的注入而迅速成长起来。因此,发展中国家的经济发达地区其产业达到饱和所经历的时间一般要比发达国家短,由此加速了产业二次转移的进程,即从发展中国家的经济发达地区转向其相对落后地区。伴随产业的二次转移,新的物流中心又会在承接产业二次转移的地区兴起。

2. 产业分工:物流产业由水平分工转向垂直分工

物流业是一个复合产业,它是在运输、仓储、包装、加工等多个传统产业的基础上整合发展而来的,因此,过去物流产业内部分工一般是水平横向的,即按照功能进行划分,而物流供应商也是运输企业、仓储企业、配送企业、装卸公司等这些具有单一功能的传统物流企业。然而,随着现代物流理念的发展,整合了各种物流服务功能的现代物流服务模式应运而生,并且逐渐取代了传统物流服务模式的主体地位。物流服务主体也由功能单一的运输、仓储等传统物流企业，发展到具备运输、仓储、配送、加工等多种服务功能的综合物流企业，物流产业水平分工的界限变得越来越模糊。

与此同时，物流需求时间与空间跨度的不断加大促使物流网络不断扩展，物流服务范围不断扩大，而"门到门""准时制生产方式（Just In Time，JIT）"等物流服务理念的产生又要求不断提高物流服务的专业化水平和运作精度。在这种情况下，很少有物流供应商能够在构建覆盖全球物流网络的同时，又在所有网点建立起综合各种功能的物流服务企业，再加上不同国家物流市场准入条件的限制，物流企业独立建立纵向的经营链条难度很大。因此，物流产业只能依靠垂直分工来整合和完善整个系统，形成国际物流、区域物流、国内物流乃至地区物流的垂直层次结构。如今，许多跨国物流集团与当地物流企业之间就已经建立起这种垂直纵向分工关系，这些大的集团布设了覆盖全球的物流网络，在许多物流节点上都采用或部分采用向当地物流企业购买服务的方式开展物流活动。这种垂直产业分工模式既降低了大集团开辟新市场的门槛和风险，也充分利用了当地资源，拓展了小企业的生存空间，是双赢之举，有利于物流产业的健康发展。

3. 运营模式：物流管理与设施"软""硬"分离

最原始的物流形态是企业自办物流，即生产和销售企业自己拥有运输工具、仓库堆场、装卸机械等物流设施设备，并且这些设施一般只为本企业服务。随着物流业的发展，出现了企业间的联合配送，之后又出现了第三方物流，物流开始走向社会化，物流服务供应商和服务对象逐渐分离。由于第三方物流企业一般都拥有一定数量的物流硬件设施设备，因此，这个阶段物流产业还维持着硬件设施与软件管理一体化的状态。

现代物流的进一步发展产生了第四方、第五方物流，即专门提供物流方案和进行物流人才培训的企业或机构。虽然这些划分方法在学术界还有争论，但是应该看到，那些不依托或者不完全依托物流硬件设施设备的物流服务提供者或参与者在产业内开始涌现，并且其市场份额在逐渐扩大。这种类型的物流服务供应商虽然本身不拥有物流设施设备，但它们会为所服务的企业制订完整的物流方案，然后利用社会物流资源实现方案。另外，还有一些第三方物流企业也在向这一方向发展，它们保持甚至减少自有物流设施设备的规模，与此同时整合社会物流资源服务自身，也就是变"拥有"物流硬件为"控制"物流硬件。

物流产业内"软"的管理、设计与"硬"的设施、设备相分离，使产业分工更加明晰，提高了服务的专业化程度和服务水平，并且能够加速市场发育和产业升级，这一物流产业新的发展趋势在未来会更加明显。

4. 产业驱动力：物流的经济效益与社会环境效益趋于一致

传统物流业发展模式将物流作为一个相对独立的系统，这样就使物流具有明显的外部成本与外部效益。在传统发展模式下，物流产业对资源占用、能源消耗只需付出极低的价格，对环境污染的补偿十分有限，甚至无须补偿，这就造成了物流产业的外部成本。同时物流企业虽然通过采用先进技术手段、设施设备提高物流效率和服务质量，节约了资源，并保护了环境，企业加大了内部的成本投入，但获益的是物流服务对象和全体社会成员，如果在无序竞争的状态下，物流企业得不到合理的补偿和回报，这就造成了外部效益。物流业的成本与效益独立于社会、环境系统之外，而企业具有逐利性，因此必然以牺牲社会利益为代价追求自身经济效益的最大化。

今天，现代物流理念已经意识到物流业是一个独立地位较弱的产业，它不能独立地创造价值，而是依附于其他产业创造附加值，物流服务的提供者和接受者之间由竞争关系转变为合作关系，由此成为利益共同体，这样物流服务提供者就必须充分考虑服务对象的需求和利益。此外，现代物流始终追求系统的整体效益最大化，而这个系统不仅限于各个功能组成的内部系统，而是涉及由物流连接的整个供应链系统及所在的社会和自然环境大系统。伴随"绿色物流"理念在全球的推广，高消耗、高污染的传统物流业发展模式将受到限制或付出高昂成本，同时，"服务更好"而不是"价格更低"的物流企业将在市场中获得更加有利的竞争地位和更加合理的回报，物流业的外部成本与外部效益都将逐渐内部化。现代物流理念的进化推动产业发展模式的转变，产业回报与社会、环境效益将在共同的利益基础上推动现代物流业健康、快速、持续发展。

（四）第三方物流发展的推动因素

中小工业企业在国家"放小""扶小"政策指导下，进行改制和新机制规范运作的改变，国家对中小工业企业的信贷金融政策，以及引导中小企业调整、改革和发展的主要措施，市场竞争、社会的发展变化都将成为影响中小企业发展的外部环境因素。然而，中小工业企业第三方物流业长期采用"大而全""小而全"的生产模式和经营观念，物流活动及组织管理呈现分割和封闭状况，必定对第三方物流的发展产生内在的重要影响，在我国推动第三方物流发展的主要因素包括以下几个方面。

1．观念的影响

中小工业企业一般实行单一的生产管理，企业经营范围封闭，缺乏进入市场和社会的一体化模式，习惯于传统的企业储运方式，重生产、轻储运，难以形成现代物流管理思想，对第三方物流存在认识上、观念上的障碍，是影响第三方物流发展的根本因素。

2．结构的影响

中小企业量大面广，总规模不小，但组织和产业结构不合理，低水平重复建设、重复投入，在相当多行业形成产品供大于求、结构性过剩，普遍存在产业关联度较低，缺乏社会化、专业化分工协作，是影响第三方物流发展的重要因素。

3．技术的因素

虽然信息产业给中小企业提供了大量高新技术，但资源与技术构成不合理，普遍存在设施设备老化，物流技术水平低，难以适应现代化专业物流发展的需要，是影响第三方物流发展的主要因素。

4．管理的因素

大多数中小工业企业在较大程度上缺乏较为科学的内部管理制度，缺乏管理组织能力在生产管理上处于混乱状态，在组织经营上处于无序状态。产前没有市场调研，没有严格的成本核算；产中没有生产控制，没有营销策略；产后没有售后服务，是制约第三方物流发展的基础因素。

5．人才的因素

中小企业普遍存在员工素质低，知识构成不合理，人才匮乏，缺乏创新能力的情况，是制约第三方物流发展的核心因素。

（五）第三方物流的服务内容

1．运输服务

第三方物流运输服务包括以下内容。

（1）汽车运输。主要指整车货物的陆路运输，以长途汽车运输为主。

（2）拼装运输。指不满一个货运汽车的零散货物运输，往往涉及不同发货人的拼装运输。

（3）专一承运。运输工具专门为一个客户使用的运输形式，也称合同运输。

（4）多式联运。一项货物运输业务同时涉及海运、陆运、空运或其中两种以上的运输方式。

（5）水运。沿海、内河、远洋等水上运输。

（6）铁路运输。

（7）包裹。小件的运输，其特点是实效性强，可能涉及空运、汽运、铁路等各种运输方式。

（8）设备。专门提供运输设备的服务。

（9）司机。出租职业司机的物流服务。

（10）车队。提供车队管理服务。

2. 仓储服务

第三方物流仓储服务包括以下内容。

（1）越库。越库英文为"cross docking"，是现代第三方物流仓储服务应用最多的服务形式，指货物仅在仓库交叉分装，基本没有停留过程的行为，越库的实现，不仅需要高效率的仓储操作技术，还需要发达的物流信息管理技术。

（2）上门收货服务。收货并入仓储存。

（3）每次包装及组装。货物在仓储环节的包装服务和进一步的打码、重新包装等。

（4）完善。生产流程中没有完成的部分生产过程在仓储环节中进一步完善的行为。

（5）分货管理。按不同的客户分类、分组储存和管理。

（6）存货及管理。以存货数量管理为主体的仓储服务，在仓储的同时，依据销售数据，对提供存货数量预测、监督、调整的服务。

（7）位置服务。按照销售分布或生产分布对仓储或配送中心的位置进行咨询、设计、选址的服务。

3. 特别服务

第三方物流特别服务包括以下内容。

（1）逆向物流。也称反向物流，指产品回收、更换、处置等过程。

（2）直接配送到商店。产品从工厂到零售商店的过程。

（3）进出口清关。代理进出口报关，缮制单证等服务。

（4）ISO 认证。物流企业或相关国际质量标准的认证服务。

（5）直接送货到家。上门送货到家庭的服务。

4．国际互联网服务

第三方物流国际互联网服务包括以下内容。

（1）搜寻或跟踪。利用互联网等技术手段，对物流过程中的货物、车辆进行实时搜索、跟踪。

（2）电子商务。基于网络的交易、信息服务等商务行为。

（3）电子执行。用互联网、电子数据交换等方式实现的操作过程。

（4）通信管理。物流通信的网上管理和电子信息管理。

（5）电子供应链。将供应链过程在互联网上进行管理的物流过程。

5．技术服务

第三方物流的技术服务包括以下内容。

（1）电子数据交换。

（2）信息系统。为客户建立物流信息系统的服务。

（3）企业互联网系统。为企业提供互联网设计、技术的服务。

（4）卫星通信。

二、第三方物流的优势与不足

第三方物流给企业或客户带来了众多益处，主要表现在四个方面，其优势见表 3-1 所示。

表 3-1　第三方物流的优势

优势	内容
集中主业	电子商务企业能够把投入物流领域的人力、物力、财力释放，实现资源优化配置，将有限的精力集中于核心业务，进行重点研究，发展相关技术，不断提高自身的竞争力
节省费用并减少资本积压	专业的第三方物流提供者利用规模生产的专业优势和成本优势，通过提高各环节能力的利用率节省费用，使企业能从分离费用结构中获益
减少库存	第三方物流提供者借助精心策划的物流计划和实时运送手段，最大限度地降低库存，改善企业的现金流量，实现成本优势

续表

优势	内容
提升企业形象	第三方物流提供者与客户不是竞争对手，而是战略伙伴，他们为客户着想，通过全球性的信息网络使客户的供应链管理完全透明化，客户随时可通过互联网了解供应链的情况；第三方物流提供者是物流专家，他们利用完备的设施和训练有素的员工，对整个供应链实现完全的控制，减少物流的复杂性；他们通过遍布全球的运送网络和服务提供者（分承包方）大大缩短了交货期，帮助电子商务企业改进服务，树立自己的品牌形象

与自营物流相比，第三方物流在为企业提供上述便利的同时，也会给企业带来一定的不利，见表3-2所示。

表3-2 第三方物流的不足

不足	内容
无法对物流活动全程监控	采用第三方物流模式，电子商务企业无法全程监控商品的运输，无法保证货物送达时间与效率
不利于维护与客户的长期关系	货物配送受制于第三方物流，其发展水平对企业效益、用户体验度及持续购买力会产生影响，"最后一公里"的客户服务质量难以保障，不利于维护与客户的长期关系

三、第三方物流的运作模式

（一）第三方物流的模式分类

根据第三方物流企业整合资源和提供服务的方式不同，可以将第三方物流企业运作模式归纳为八种。前两种模式是理论模式，不仅难以实现，而且意义不是很大；后六种是比较典型的第三方物流企业运作模式，它们将继续在物流社会化系统中发挥重要作用。

1. 理论模式一

此类第三方物流企业的主要特点是规模庞大，网络体系遍布全国甚至全球，拥有先进的物流装备、强大的信息管理能力和高水平的物流人才，可以同时为多个行业的客户提供高集成度的物流服务。由于高端的物流服务涉及对客户的几种物流功能甚至是整个供应链的整合，需要个性化定制，因此第三方物流企业参与客户营运的程度很深，投入较大。当客户分布在多个不同行业时，由于不同行业对一体化物流服务的要求有很大差异，第三方物流企业拥有的经验与资源无法在不同行业的客户之间共享，不仅会导致运作成本很高，第三方物流企业也难以形成核心专长。因此，尽管拥有大量的资产，同时为多个行业提供高集成度的物流服务也是很困难的，因此采用这种模式的第三方物流企业几乎不存在。一些世界著名的物流企业都有各自擅长的领域，如荷兰 TNT 快递公司的物流业务主要集中在电子、快速消费品、物流三大领域；日本三井物产公司则以钢铁物流而闻名；Ryder 系统公司是世界著名的汽车物流服务商。

2. 理论模式二

此类第三方物流企业基本上不进行固定资产的投资，而是通过强大的信息管理能力和组织协调能力来整合社会资源（如其他的第三方物流企业、技术供应商、管理咨询顾问等），为多个行业的企业提供高集成度的物流服务。同样，由于服务需要个性化定制而物流企业的精力有限，这种高集成度的服务不但很难大规模运作，而且无资产的物流企业操作起来更加复杂。

3. 综合物流模式

综合物流模式的特点是第三方物流企业拥有大量的固定资产，为少数行业提供高集成度的服务，它与第一种模式的区别在于其业务范围集中在自己擅长的领域。国际上许多著名的物流公司都采用这种运作模式，国内一些大型的物流企业也开始提供这种服务。例如，某物流公司为美能达等公司提供全球采购与生产配送服务，其将运输、储存、报关、精确配送、信息服务和资金结算等多项职能整合在一起，使世界各地的物流在到港后 24 小时内即可通过配送中心送达位于不同地区的生产线上，保证其在零库存状态下进行正常生产。一些从大型生产制造企业中剥离出来的第三方物流企业不仅由于有自己的网络和营销渠道专长，也集中面向专长的行业提供高集成度物流服务。值得注意的是，由于提供高集成度的物流服务参与客户内部运营的程度较深，为了更好地实施物流管理，同时为了降低客户完全外包物流的巨大风险，一种常见的操作方式是第三方物流企业与客户共同投资新的物流公司，由这个公司专门为该客户提供一体化的物流服务。

4. 综合代理模式

综合代理模式的特点是第三方物流企业不进行固定资产投资，对公司内部及具有互补性的服务提供商所拥有的不同资源、能力、技术进行整合和管理，为少数行业提供高集成度的一体化供应链服务，它与理论模式二的区别是其业务范围集中在自己的核心领域。综合代理模式体现了第四方物流的思想，采用这种运作模式的物流企业实际上就是一个供应链的集成商。目前在我国，重复建设使得许多物流资源非常分散但总体却过剩，物流网络和设备利用率不高，物流服务的质量有所欠缺，缺乏有效的物流管理者。采用综合代理的物流运作模式，不仅降低了大规模投资的风险，而且可以有效地整合社会资源，提高全社会的物流运作效率，现阶段在我国很值得推广。另外，底层物流市场的极度不规范也使整合社会资源的难度很大，目前这种模式还处于概念和探索阶段。

5. 功能物流模式

功能物流模式的特点是第三方物流企业使用自有资产为多个行业的客户提供低集成度的物流服务。这类第三方物流企业对客户提供的服务功能很单一，大量提供运输、仓储服务，一般不涉及物流的整合与管理等较高端的服务。由于仓库、车队等资源可以共享，所以企业能同时为较大范围的客户服务，实现规模效益。功能物流模式是目前我国第三方物流企业运作的一种主要模式，许多以传统运输、仓储为基础的大中型企业，以及一些新兴的民营物流公司，都属于这种模式。

目前，这些企业虽然纷纷在传统业务的基础上拓展更全面的综合物流功能，如提供一些增值服务和物流过程管理等，但是物流服务的集成度还不是很高。从国内的物流市场来看，由于客户企业仍倾向外包部分功能性的物流活动而不是全部物流，所以定位在低集成度上仍然有很大的空间，功能物流模式仍将是主要的物流服务形式。采用功能物流模式的第三方物流企业应该不断加强自身的运作能力，在强化核心能力的基础上，可逐步拓展服务的种类，提升服务层次，向综合物流模式发展。

6. 功能代理模式

功能代理模式的第三方物流企业与功能物流模式一样，也是为多个行业的客户提供低集成度的服务，只不过是通过委托他人操作来提供服务、自身不进行固定资产投资。这类企业一般由货代类企业经过业务拓展转变而来，客户分布比较广泛，服务层次相对较低，但它具有较强的管理整合社会公共资源能力，能够充分利用闲置的社会资源，使其在效益方面产生乘数效应，一般取得物流项目的总承包后整合社会资源再进行二次外包。这类企业对固定设备、设施的投资少，以其业务灵活，服务范围广和服务种类多等优势方面使其他企业难以与之竞争。采用功能代理模式的物流企业一方面可以通过不断提升代理服务的集成度向综合代理模式拓展；另一方面，可以通过与工商企业结盟增加资产的专有性，向更深层次的第三方物流企业方向发展。

7. 集中物流模式

集中物流模式的特点是第三方物流企业拥有一定的资产和范围较广的物流网络，在某个领域提供集成度较低的物流服务。由于不同领域客户的物流需求千差万别，当一个物流企业能力有限时，他们就可以采取这种集中战略，力求在一个细分市场上做精做强。例如，同样是以铁路为基础的物流公司，某铁路快运公司是在全国范围内提供小件货物的快递服务，而另一物流公司则是提供大宗货物的长距离运输。由于在特定领域有自己的特色，这种第三方物流企业运作模式是需要重点培育和发展的。

8. 缝隙物流模式

缝隙物流模式的特点是第三方物流企业拥有较少甚至没有固定资产，以局部市场为对象，将特定的物流服务集中于特定顾客层。这种模式非常适合一些从事流通业务的中小型物流公司，特别是一些伴随电子商务发展起来的小型物流企业。上海某物流公司，针对许多大型物流企业在城市末段物流配送网络上比较薄弱的情况，以健全的网络和规范化的操作模式为客户做城区内门到门的小件货物配送，弥补了市场的"空白"，业务量快速上涨。采用缝隙物流运作模式的第三方物流企业应该充分发挥在特定服务领域的优势，积极提高服务水平，实现物流服务的差异化和成本最小化。

（二）第三方物流与客户的关系

1. 利益一体化是第三方物流企业的利润基础

与传统的运输服务相比，第三方物流公司的利润来源与客户的利益是一致的，而不是矛盾的，并不是一方多赚一分钱，另一方就少赚一分钱的传统交易方式。所以，与运输企业相比，第三方物流服务的利润来源不是运输、仓储费用等直接收入，不是以客户的成本性支出为代价的，而是与客户一起在物流领域创造的新价值。为客户节约的物流成本越多，利润率就越高，这与传统的经营方式有本质的不同。对物流成本而言，是指物流总成本，而不是指功能成本最低化。

2. 第三方物流是客户的战略投资人和风险承担者

第三方物流公司追求的不是短期的经济效益，更确切地说，它是以一种投资人的身份为客户服务的,这是它身为战略同盟者的一个典型特点。所以,第三方物流服务本身就是一种长期投资。这种投资的收益在很大程度上取决于客户业务量的增长,这就形成了双方利益一体化的基础。同时,随着各国资本市场的发展,法人企业作为战略投资人已经成为一类重要的资本市场投资主体,在业务关系上的紧密性为第三方物流企业与客户在资本市场上的合作创造了条件,双方在股权、资本上的融合将更加紧密,第三方物流战略投资人的性质将更加明显。

3. 第三方物流是客户的战略同盟者

第三方物流企业既不是一般的货运公司,也不是单纯的速递公司,在物流领域扮演的是客户的战略同盟者的角色。在服务内容上,它为客户提供的不是一次性的运输或配送服务,而是一种具有长期契约性质的综合物流服务,最终职能是保证客户物流体系的高效运作和不断优化供应链管理。

第三方物流的业务深深地触及客户企业销售计划、库存管理、订货计划、生产计划等整个生产经营过程中,不但远远超越了与客户一般意义上的买卖关系,而且紧密地结合在一体,形成了一种战略合作伙伴关系。从长远看,第三方物流的服务领域还将进一步扩展,甚至会成为客户销售体系的一部分。它的生存及发展必将与客户企业的命运紧密地联系在一起。在西方的物流理论中非常强调"关系营销",也就是说,一个企业的迅速发展光靠自身的资源、力量是远远不够的,必须寻找战略合作伙伴,通过同盟的力量获得竞争优势,而第三方物流扮演的就是这种同盟者的角色,其与客户形成的是相互依赖的市场共生关系。

第三方服务的用户与提供者之间的战略联盟、物流伙伴关系均要求彼此更多的信息公开,打破传统的业务关系束缚,从"基于交易上"的业务关系变更为一体的、长期的"伙伴关系"。

通过对第三方物流的优势分析,我们可以清楚地发现电子商务这种全新物流模式将给第三方物流发展带来无限的市场潜力与发展机遇,但同时也带来压力和挑战。

由于我国第三方物流的发展时间比较短,处于传统与电子商务三方物流之间,与国外相关企业相比不太成熟,与国外大型物流企业相比竞争力较弱,特别是现在我国已经加入WTO,大量外资物流企业将长驱直入,中国物流企业将面对前所未有的竞争压力,在此情况下,我国物流企业应把握机会,迎接挑战,使我国物流业走向国际化、全球化。

（三）第三方物流与企业物流模式的选择

1. 第三方物流成为现代物流管理的主流模式

物流外协第三方，即通常所说的第三方物流是由相对"第一方"发货人和"第二方"收货人而言的第三方专业企业来承担企业物流活动的一种物流形态。它通过与第一方或第二方的合作来提供专业化的物流服务，它不拥有商品，不参与商品买卖，而是为顾客提供以合同约束、结盟为基础的、系列化、个性化、信息化的物流代理服务。这包括设计物流系统、电子数据交换能力、报表管理、货物集运、选择承运人、货代人、海关代理、信息管理、仓储、咨询、运费支付和谈判等。20世纪80年代以来，欧美经济体的物流已不再作为工商企业直接管理的活动，其常从外部物流专业公司中采购物流服务。在国际物流方面也有物流服务外协的趋势，物流外协已成为各个国家企业物流管理的主流模式。

2. 企业物流模式的选择

企业物流模式主要有自营物流和第三方物流等。企业在进行物流决策时，应根据自己的需要和资源条件，综合考虑以下主要因素，慎重选择物流模式，以提高企业的市场竞争力。

（1）物流对企业成功的影响度和企业对物流的管理能力。物流对企业成功的重要度高，企业处理物流的能力相对较低，则采用第三方物流；物流对企业成功的重要度较低，同时企业处理物流的能力也低，则外购物流服务；物流对企业成功重要度很高，且企业处理物流能力也高，则自营物流。

（2）企业对物流控制力要求。越是竞争激烈的产业，企业越是要强化对供应和分销渠道的控制，此时企业应该自营物流。一般来说，主机厂或最终产品制造商对渠道或供应链过程的控制力比较强，往往选择自营物流，即作为龙头企业来组织全过程的物流活动和制定物流服务标准。

（3）企业产品自身的物流特点。对大宗工业品原料的回运或鲜活产品的分销，则应利用相对固定的专业物流服务供应商和短渠道物流；对全球市场的分销，宜采用地区性的专业物流公司；对产品线单一的或为主工厂做配套的企业，则应在龙头企业统一自营物流；对技术性较强的物流服务（如口岸物流服务），企业应采用委托代理的方式；对非标准设备的制造商来说，企业自营虽有利可图，但还是应该交给专业物流服务公司经营。

（4）企业规模和实力。一般来说，大中型企业由于实力较雄厚，有能力建立自己的物流系统,制订合适的物流需求计划,保证物流服务的质量。另外,企业还可以利用过剩的物流网络资源拓展外部业务(为别的企业提供物流服务)。小企业则受人员、资金和管理资源的限制,物流管理效率难以提高。此时,企业为把资源用于主要的核心业务上,适宜把物流管理交给第三方专业物流代理公司。

(5)物流系统总成本。在选择是自营还是物流外协时,必须弄清两种模式物流系统总成本的情况。计算公式为:

物流系统总成本=总运输成本+库存维持费用+批量成本+总固定仓储费用+总变动仓储费用+订单处理和信息费用+顾客服务费用

这些成本之间存在着二律背反现象:在减少仓库数量时,可降低保管费用,但会带来运输距离和次数的增加,从而导致运输费用增加。如果运输费用的增加部分超过保管费用的减少部分,总的物流成本就会增大。所以,在选择和设计物流系统时,要对物流系统的总成本加以论证,最后选择成本最小的物流系统。

(6)第三方物流的客户服务能力。在选择物流模式时,虽然考虑成本尽管很重要,但第三方物流为本企业及企业顾客提供服务的能力是选择物流服务至关重要的。也就是说,第三方物流在满足对原材料及时需求的能力和可靠性的同时,对零售商和最终顾客不断变化的需求的反应能力等方面应该作为首要的因素来考虑。

(7)自用资产和非自用资产第三方物流的选择。自拥资产第三方,是指有自己的运输工具和仓库,从事实实在在物流操作的专业物流公司。这些公司有较大的规模,雄厚的客户基础,到位的系统。专业化程度较高,灵活性受到一定限制。非自拥资产第三方,是指不拥有硬件设施或只租赁运输工具等少量资产,其主要从事物流系统设计、库存管理和物流信息管理等职能,而将货物运输和仓储保管等具体作业活动由别的物流企业承担,而对系统运营承担责任的物流管理公司。这类公司运作灵活,能适当调整服务内容,可以自由混合、调配供应商。管理费用较低。企业应根据自己的要求对两种模式加以选择和利用。

(四)第三方物流的利与弊

在当今竞争日趋激化和社会分工日益细化的大背景下,物流外协具有明显的优越性,具体表现在以下四个方面。

1. 企业集中精力于核心业务

由于任何企业的资源都是有限的，很难成为业务经营上面面俱到的"全能者"。为此，企业应把自己的主要资源集中于擅长的主业，而把物流等辅助功能留给物流公司。例如美国通用汽车的萨顿工厂通过与赖德专业物流公司的合作，取得良好的效益。萨顿集中于汽车制造，而赖德管理萨顿的物流事务。赖德接洽供应商，将零部件运到位于田纳西州的萨顿工厂，同时将成品汽车运到经销商那里。萨顿使用电子数据交换进行订购，并将信息发送给赖德。赖德从分布在美国、加拿大和墨西哥等国家的 300 个不同的供应商那里进行所有必要的小批量采购，并使用特殊的决策支持系统软件来有效地规划路线，使运输成本最小化。

2. 灵活运用新技术，实现以信息换库存，降低成本

当科学技术日益进步时，专业的第三方物流供应商能不断地更新信息技术和设备，而普通的单个制造公司通常一时难以更新自己的资源或技能；不同的零售商可能有不同的、不断变化的配送和信息技术需求，此时，第三方物流公司能以一种快速、更具成本优势的方式满足这些需求，而这些服务通常都是制造商一家难以做到的。另外，第三方物流供应商还可以满足一家企业的潜在顾客需求的能力，从而使企业能够接洽到零售商。例如，美国赖德专业物流公司向一家床垫制造商西蒙斯公司（Simmons）提供一种新技术，使得后者彻底改变了自己的经营方式。在合作前，西蒙斯公司在每一个制造厂储存了 20 000~50 000 个床垫来适时满足客户的时尚需求。合作后，赖德在西蒙斯的制造厂安排一个现场物流经理。当订单到达时，该物流经理使用特殊的软件来设计一个把床垫发送给客户的优化顺序和路线。随后，这一物流计划被发送到工厂，在那里按照确切的数量、款式和顺序制造床垫，并全部及时发送。该项物流合作从根本降低了西蒙斯公司对库存的需求。

3. 减少固定资产投资，加快资本周转

企业自建物流需要投入大量的资金购买物流设备，建设仓库和信息网络等专业物流设备。这些资源对缺乏资金的企业（特别是中小企业）来说是一个沉重的负担。如果使用第三方物流公司不仅减少设施的投资，还可以减少仓库和车队方面的资金占用，加快资金周转。

4. 提供灵活多样的顾客服务，为顾客创造更多的价值

原材料需求客户需要快速补充货源，原材料供应商可结合就近区域仓库，通过第三方物流的仓储服务，迅速满足客户需求，完全没必要建造新设施或长期租赁而调拨资金在经营上受限制。终端产品供应商利用第三方物流可以向终端客户提供更多样的服务，如提供本企业一时不能满足客户要求的暂时缺货、短时的仓储管理等服务，由此为顾客带来更多的附加价值，提高顾客满意度。

当然，与自营物流相比较，第三方物流在为企业提供上述便利的同时，也会给企业带来诸多不利。主要包括：企业不能直接控制物流职能；不能保证供货的准确和及时；不能保证顾客服务的质量和维护与顾客的长期关系；企业将放弃对物流专业技术的开发等。例如，企业在使用第三方物流时，第三方物流公司的员工经常与企业的客户发生交往，此时，第三方物流公司会通过在运输工具上喷涂自己的标志或让公司员工穿着统一服饰等方式来提升在顾客心目中的整体形象，从而取代企业的地位。

（五）我国企业目前选择第三方物流的主要标准及步骤

1. 主要标准

从以下六个方面建立一级评价指标。

（1）规模实力。企业规模的大小是人们判断一个企业的营运能力和竞争实力强弱的最直接的衡量标准。人们往往对规模较大的企业给予更多的信任，因此对企业的规模实力的判断将直接影响企业对物流服务供应商的选择。

（2）定价水平。物流企业的定价依据是物流价格＝成本＋利润＋税金。从定价的高低既可以看出第三方物流企业对物流成本的控制水平，也可以从侧面反映出该企业的物流技术能力。在被选企业的各方面水平实力相当时，企业的定价水平即成为物流需求企业对备选企业进行选择的唯一标准。

（3）技术水平。物流技术是指物流活动中所采用的自然科学与社会科学方面的理论、方法，以及设施、设备、装置与工艺的总称。物流技术可概括为硬技术和软技术两个方面。物流硬技术是指组织物资实物流动所涉及的各种机械设备、运输工具、场站设施及服务于物流的电子计算机、通信网络设备等方面的技术。物流软技术是指组成高效率的物流系统而使用的系统工程技术、价值工程技术、配送技术等。物流技术水平的高低是实现物流效率高低的一个重要因素，是物流企业核心竞争力的体现。

（4）服务水平。物流服务是指物流供应方通过对运输、储存、装卸、搬运、包装、流通加工、配送和信息管理等基本功能的组织与管理来满足客户物流需求的行为。物流服务包含两方面内容：一是传统的物流服务，在这个物流过程中，物流供应方向顾客提供的服务水平是影响顾客购买和连续购买客户企业产品的关键因素，这是影响物流需求方选择的绝对因素；二是信息化建设，通过使用先进信息技术使供应商、生产企业、客户、物流服务公司之间能够实现信息的实时共享，从而保证整个市场渠道顺畅。根据物流需求方对服务要求的不同，这是影响物流需求方选择的相对因素。

（5）管理水平。物流管理包括三个方面的内容：对物流活动诸要素的管理，包括运输、储存等环节的管理；对物流系统诸要素的管理，即对其中人、财、物、设备、方法和信息六大要素的管理；对物流活动中具体职能的管理，主要包括物流计划、质量、技术、经济等职能的管理。物流企业的管理水平的高低直接影响着企业运营的系统性和科学性，是企业竞争力高低的决定因素。

（6）社会评价。以上五个指标是物流需求方企业对备选企业的正面了解，获得的数据或资料大多源于企业内部，有存在水分的可能性。社会评价是物流需求方企业对备选企业的侧面了解。主要通过其他企业的客户满意度和对备选企业的信誉评价来反映其物流水平和诚信度，其评价结果是备选企业难以控制和改变的，使得整个评价体系更为完善、真实。

2. 选择步骤

要成功地选择合适的第三方物流，可归纳为以下五个步骤。

（1）物流外包需求分析，这是制定外包策略的基础。在决定是否选择第三方物流服务时，首先应该对企业本身的物流过程进行分析，以确定当前的优势和存在的问题，其次明确物流外包活动的必要性与可行性。由于大多数第三方物流决策对企业目标的实现关系重大，所以通常需要对物流外包的需求分析花费较长时间。

（2）确立物流外包目标。确立物流外包目标是选择第三方物流服务供应商的指南，首先应该根据企业的物流服务需求的特点确定选择的目标体系，并能有效地抓住几个关键目标，这也是后面企业对第三方物流服务供应商绩效考核的主要依据。

（3）制定物流服务供应商的评价准则。在选择物流服务供应商时，首先必须制定科学、合理的评估标准。目前企业在选择物流服务供应商时，主要从物流服务的质量、成本、效率与可靠性等方面考虑。其次，由于第三方物流服务供应商与企业是长期的战略伙伴关系，因此，在考核第三方物流供应商时，企业非常关注降低风险和提高服务能力的指标，如经营管理水平、财务状况、运作柔性、客户服务能力和发展能力。

（4）物流服务供应商的综合评价与选择。有效的评价方法是正确选择第三方物流服务供应商的前提，只有采用合理、有效的评价方法进行综合评价，才能保证选择结果的科学性。根据评价准则初步选出符合条件的候选供应商，注意控制在可管理的数量之内，然后采用科学、有效的方法，如层次分析法、模糊综合评判法、仿真等方法进行综合分析评价，通过这些评价方法可以确定两三家分值靠前的供应商。另外，要确定最终的第三方物流服务供应商，还需要注意企业与供应商的共同参与，以保证所获取数据及资料的正确性、可靠性，并对物流服务供应商进行实地考察。通过对各供应商提供的方案进行比较权衡，从而做出最终的选择。

（5）关系的实施。经过对供应商的考核评价，并做出选择后，双方应就有关方面起草并签订合同，建立长期的战略合作伙伴关系。

四、第三方物流与电子商务的关系

（一）电子商务下第三方物流的新特点

1. 第三方物流供应商的特色

第三方物流作为一种先进的物流模式，在社会分工中扮演着重要的角色，越来越多的企业与第三方物流供应商合作。第三方物流供应商在发展中形成了自己鲜明的特色，具体表现在以下七个方面。

（1）关系契约化。第三方物流是通过契约形式来规范物流经营者与客户企业之间关系的。物流经营者根据契约规定的要求，提供多功能、全方位、一体化的物流服务，并以契约来管理所有提供的物流服务活动及过程。第三方物流是用合同方式建立起来的物流服务者与用户之间的关系，因此，操作起来非常灵活。

（2）服务个性化。首先，不同的客户存在不同的物流服务需求，第三方物流需要根据不同的客户在企业形象、业务流程、产品特征、顾客需求特征竞争需要等方面的不同需求，提供针对性强的个性化物流服务和增值服务。这表明物流服务理论从"产品营销"发展到"市场营销"阶段。个性化的物流服务，在一定程度上反映了个性化营销的物流需要。其次，第三方物流供应商因为市场竞争、物流资源、物流能力的影响需要形成核心业务，不断强化所提供物流服务的个性化和特色化，以增强物流市场竞争能力。

（3）服务专业化。第三方物流能提供仓储、运输、订单处理、售后服务、产品回收、报关等十几项物流服务。从物流设计、物流操作过程、物流技术工具、物流设施到物流管理，必须体现专门化和专业水平，这既是物流消费者的需要，也是第三方物流自身发展的基本要求。

（4）信息网络化。信息技术是第三方物流发展的基础，具体表现为物流信息的商品化、物流信息收集的数据化和代码化、物流信息处理的电子化和自动化、物流信息传递的标准化和实时化、物流信息储存的数字化等。借助现代信息技术，物流系统的各个环节之间得以快速、准确地传递信息，实现全方位的交流和协作；物流企业得以和客户进行有效的沟通，更好地满足客户的动态需求。

（5）管理系统化。第三方应具有系统化的物流功能，是第三方物流产生和发展的基本要求，第三方物流只有建立现代管理系统才能满足运行和发展的基本要求。第三方物流企业能够从系统角度，提供现代化、一体化的物流服务。即可以向客户提供包括供应链物流在内的全程物流服务和特定的、定制化服务的物流活动。

（6）价值增值化。从为客户创造价值的角度出发，第三方物流提供的服务不是一般性物流服务，而是具有增值性的现代化物流活动。包括设计物流系统、电子数据交换能力、报表管理、货物集运、选择承运人、货代人、海关代理、信息管理、仓储、咨询、运费支付和谈判等。

（7）合作联盟化。第三方物流与客户是长期化的战略合作关系。第三方物流既不是提供临时性的物流服务，其实现的物流功能也不是一项或几项独立简单的物流功能，如运输企业提供运输服务，仓储企业提供仓储服务；第三方物流供应商是以提高客户企业经营效率、实现与客户共同发展为目标，根据合同条款向物流需求方提供长期的复杂多功能、全方位的物流服务。第三方物流更加强调在供应链上的诸节点之间植入"优势互补、利益共享"的共生关系。也就是说，一个企业的迅速发展光靠自身的资源、力量是远远不够的，也未必最科学、最经济。因此，企业必须寻找战略合作伙伴，通过联盟的力量获得竞争优势，第三方物流供应商与客户之间将形成重要的战略联盟伙伴。

第三方物流服务者与需求方是战略联盟关系，不是简单利益对立的交易双方。其利润来源不是运费、仓储费等直接收入，不是以物流需求企业的成本支出为代价的，而是来自物流总成本的降低而创造的新价值，这种新价值是第三方物流与客户共同分享的，也就是我们强调的双赢战略。

21世纪是信息的时代，效率必将成为这个时代的主旋律之一。由物流网络系统、物流作业系统和物流信息系统组成的第三方物流系统所追求的目标将是更低成本、更高质量、更快响应。

2. 第三方物流的四个特征

电子商务下第三方物流业的形成对物流资源合理配置、物流成本下降、物流效率提高具有极为重要的意义，在发展过程中第三方物流业务特征也越来越明显。电子商务环境下第三方物流主要表现出以下四个特征。

（1）以合同导向的物流服务。第三方物流企业可以管理整个物流过程或者选择几项物流服务项目，如订单管理、库存管理、运价谈判、选择承运人等。工商企业在选择第三方物流业务服务时一般都签订专门的合同，规定了服务项目和目标，并且包括一定的惩罚措施，一部分企业还制定了一定的激励条款。

（2）新型客户关系的物流服务。企业选择第三方物流服务的动机有降低成本、提高核心竞争力、寻求增值服务等，各类企业与第三方物流企业合作的方式有整体外包供应链物流业务、聘请物流公司来管理运作企业自有物流资产设备等多种形式。虽然形式各异，但是本质上是合作双方为实现共同的战略目标，在信息共享的条件下，共同制订物流解决方案，其业务深深触及客户企业销售计划、库存管理、订货计划、生产计划等整个生产经营过程，远远超越与客户一般意义上的买卖关系，而是紧密地结合成一体，形成了一种战略伙伴关系。

（3）新型第三方物流企业拉动模式转换。由于行业性质、产品特点、市场状态等方面不同，传统的第三方物流业务所提供的运输、仓储等基础性服务已远远不能满足目前工商企业的需要，促使当今的第三方物流企业的经营理念从供给推动模式向需求拉动模式转换，第三方物流企业正在努力采用"一企一策"的方式为工商企业提供特殊的、个性化的专属服务。

（4）以信息技术为基础的物流服务。信息技术的发展是第三方物流业务发展的必要条件，信息共享是第三方物流企业与工商企业成功合作的关键。许多信息技术，如地理信息系统、全球卫星定位系统、电子数据交换、条码制等实现了数据快速准确的传递，使企业之间的及时协调、合作成为可能，并促进了物资需求计划（Material Requirement Planning，MRP）、企业资源计划（Enterprise Resource Planning，ERP）等物流计划方法的产生和发展，提高了第三方物流业务服务水平。

3. 电子商务环境下第三方物流企业发展策略

电子商务是指商业实体利用网络和电子信息技术进行各项商业贸易活动。它通过互联网来传播信息，实现客户与企业之间信息的沟通，从而提高贸易效率。对电子商务中的信息流、商流和资金流的处理，通过互联网可以顺利地实现。物流则不同，物流是指物流实体的流通，正是物流自身的特点决定了它不可能像信息流、商流和资金流那样依靠互联网来解决。要发展电子商务，首先就要提高物流水平。物流是电子商务的组成部分，也是电子商务顺利开展的重要保证，物流水平的高低直接影响电子商务实现程度的高低。物流信息化发展的方向应当是通过信息技术的使用，有效形成生产商、第三方物流和需求方的有机的供应链关系，从而降低整个商务活动的物流成本和交易成本，并最终使产品的设计生产更好地满足各方面的要求。基于此，针对我国目前第三方物流信息化发展中存在的问题，未来电子商务下第三方物流战略应是以客户需求为导向，以供应链信息化管理为重点，以数据交换平台为支撑，带动企业管理信息化，物流运作信息化，大力发展以BtoB为主的电子商务，全面提升第三方物流信息化整体水平。

完善的信息系统对第三方物流企业提高自身的业务能力有重要作用。企业应加大完善信息系统的力度，引进先进的信息系统设备及技术，同时构建能与电子商务企业信息共享的信息平台，对物流各环节能够进行有效的控制和全程管理以及实时跟踪，实现对第三方物流全过程的可视化，进一步提升客户服务质量。

（1）加强物流商业智能。物流商业智能的优势是将第三方物流现有的数据转化为可操作的知识，通过整合历史信息数据，从多个角度和层面对数据展开深层次的分析、处理，为决策者提供相应的决策依据，提高决策效率和水平。因此，无论运输管理、仓储管理、增强供应链可见性、供需预测还是在衡量公司关键运营指标等方面，物流商业智能都大有可为。从建立物流商业智能系统的技术角度来看，所需要的技术主要包括：①数据仓库技术。物流商业智能系统的核心是解决物流应用问题，通过将数据处理技术与商务规则相结合以提高物流企业的利润，减少物流运作风险。②数据挖掘技术。通常采用机器自动识别的方式，应用分类模型、关联模型、顺序模型及聚簇模型等模型，从大量的数据中发现隐藏的规律或关系。③联机分析处理。主要通过多位的方式对数据进行分析、查询和报表处理。针对用户当前及历史数据进行分析、辅助领导决策。

（2）推动物流系统仿真。系统仿真技术作为系统分析、优化的有效工具已广泛应用于各类复杂物流系统的规划设计、系统优化、方案比较、流程运作控制等领域。在现代物流行业，国外许多的物流配送中心设计、自动化仓储系统和物料搬运系统等工程设计中都开始将应用仿真技术作为有效实用的辅助设计手段。第三方物流要大力发展物流系统仿真技术，建立并运行模型来进行多方案、量化比较，从而找到技术性和经济性的最佳结合点，这在复杂物流系统设计中具有较强的实用价值。另外，对物流实验室的仿真研究可以模拟物流系统运作的全过程，不仅可以用于与高校合作科研，也可以使公司内部管理人员和员工更加了解物流企业的运营规律。

（3）完善物流信息平台。通过物流信息平台的建设，第三方物流不仅可以整合各物流信息系统的信息资源，完成各系统之间的数据交换，实现信息共享，还可以整合社会物流资源，加强物流企业与上下游企业之间的合作，提供相关物流服务。另外，物流信息平台的建设，还可以为电子商务提供很好的物流服务，从而促进电子商务的发展，并形成一个与电子商务系统高度集成的统一平台。

（4）发展供应链物流管理。随着客户关系管理（Customer Relationship Management，CRM）、供应链管理（Supply chain management，SCM）、企业应用集成（Enterprise Application Integration，EAI）管理理论的发展和成熟，可以引用先进的集成供应链管理思想，将公司的信息系统和供应链中商业伙伴的信息系统在网络层（Internet/Intranet/Extranet）的基础上集成在一起，形成整个供应链 BtoB 甚至"协同商务"的新的商业模式，供应链中的每个成员都能够依据基于整个供应链的正确信息来协同各自的物流运作。从而实现精确、实时、动态的绿色物流，达到物流运作业务全面信息化。

（5）培养综合型人才，提高服务水准。加强物流管理人员物流业务知识培训，提高物流管理运作水平是发展我国现代物流的重要工作内容。今后，物流人才培养应围绕现代物流发展目标，拓展用人渠道，强化员工培训和继续教育，重视培养"复合型"人才，逐步形成一支高级的经营管理人才队伍，进一步适应我国现代物流管理需要。同时，对现有的业务流程、资源进行战略重组，建立物流业务新机制，形成具有特色的物流服务品牌和经营理念。要开发现代信息技术，建立起基于互联网的电子商务网站。首先企业要适应电子商务环境，能够进入"网上社会"，充分利用电子商务环境的有利条件进行网上运作，为企业自身的发展服务。

（二）第三方物流与电子商务配送的关系

1. 现代物流中的配送

现代物流中的配送是电子商务中的重要电子商务中的任何一笔交易，都包含着信息流、商流、资金流、物流。前三种流的处理都可以通过计算机和网络通信设备实现，而物流作为四流中最为特殊的一种，则是物质实体的流动过程。所以，现代物流配送对实现电子商务的保证。只有实现合理化、现代化的物流配送，才能降低配送成本，优化库存结构，减少资金占压、缩短生产日期，保障电子商务的高效进行。

2. 电子商务是推动现代物流配送发展的重要力量

（1）电子商务是现代物流的基础。网络时代所造就的电子商务给人类带来一场深刻的革命，特别是这场革命所引致的产业重组将现代物流产业推到前所未有的高度。虽然电子商务本身不能实现最终的物流，但它以一种最直接的方式指导物的流量、流向和物流时间。它在促进物流发展趋势的同时，也促进了物流的发展。

（2）电子商务是现代物流信息处理的平台。物流的特性决定了物流与信息流之间有着天然的密不可分的关系。信息作为物流的重要组成要素，为物流的正常运转、管理、决策以及制定战略提供了不可缺少的依据。为提高物流效率，要求信息流保持通畅，并准确反馈物流各个环节运作所需要的信息。另外，信息技术不断进步也为信息及时大规模传递创造了条件，促进物流能力和效率的提高。

（3）我国电子商务和物流配送关系的现状。首先，电子商务中的物流配送基础设施尚不够完善，设施之间的配套性和兼容性缺乏统一的标准体系。其次，部分电子商务企业配送管理水平较低，配送管理水平与信息系统效率的高低直接影响到电子商务企业的运作效率和客户服务质量。最后，对电商与物流复合型专业技术人才需求较大，导致人才与岗位需求不均衡。

为有效解决电子商务与物流配送瓶颈这个根本问题，未来需进一步增强电商与配送基础设施的投入，优化信息共享平台系统，提高电子商务与物流配送整体运作流程的可视性与高效性。

3. 物流是电子商务发展的瓶颈

电子商务的物流瓶颈问题是在网上实现商流活动之后，没有一个有效的社会物流配送系统对事物的转移提供低成本的、适时的、适量的转移服务，配送成本过高、速度过慢是偶尔涉足电子商务的买方最为不满的问题。物流瓶颈问题可以从以下两方面去认识。

（1）互联网无法解决物流问题。在这种情况下，未来的流通时间和流通成本，绝大部分被物流占有，因此，物流对未来的经济发展会起到非常大的制约作用。

（2）物流本身发展的滞后。网络经济，电子商务的迅猛发展势头，会加剧物流瓶颈的程度，这个问题从表面上看是我国物流服务问题，其背后的原因，是我国为物流服务运行的物流平台不能满足发展的要求。

4. 我国电子商务与物流企业之间共存发展的差异性

在管理水平上，电子商务公司的领导者具有较高的知识与管理水平，对公司的配送也较为严格，而物流企业大多数是在传统的储运企业上发展起来的，有些管理模式甚至还停留在计划经济的水平上，因此，物流企业要尽快提高管理水平，以适应市场经济，网络经济的需要，要考虑适应不同档次客户的要求。提高管理水平以适应电子商务公司高标准的要求。

目前电子商务公司与配送企业签订的协议很少，这样不利于物流企业制订长远的投资与服务计划，短期协作制约物流企业对配送体系的投入和采用新技术热情，不利于降低配送成本。

5. 如何协调电子商务与物流配送的关系

（1）加强物流基础设施建设，制定物流产业发展政策。现代物流体系建立的前提是先进的物流基础设施，因而政府应统筹规划，建立以重要经济区域、中心城市、沿海港口城市为依托的，与我国经济发展水平相适应的现代物流网络系统，继续加大物流基础设施的投资力度，促进我国物流业的发展和整体水平的提高。另外，为有准备地引导和促进我国物流业的发展，政府还应制定规范的物流产业发展政策，以形成良好的制度环境。

（2）大力发展第三方物流，避免资源重复与浪费。电子商务企业通常

第三章　电子商务物流的主要运行模式分析

都缺乏足够的资金、经历和专业技能去建立大规模的现代物流配送体系。因此，最理想的方法就是采用第三方物流模式（即把物流外包交与第三方）。对电子商务企业而言，可以充分利用第三方物流的配送服务体系，将有限的资金和精力用于电子商务网络建设。因此，必须大力发展第三方物流。

（3）建立物流公共信息平台，发展第四方物流。由于信息的绝对数量增加，信息发生地点、处理地点、传达对象，分散在广大地区，而物流与信息要同时进行流动，因此要迅速反映物流信息，就必须建立现代化的物流信息管理平台，对物流信息进行收集、加工、整理，以便于对物流过程进行控制、预测和决策。建立在互联网上的物流公共信息平台，可让所有用户输入的资料都直接进入数据库，以便进行各种各样的数据处理。所有用户都可以在这个平台上互动式经营，物流公共信息平台通过整合社会资源，解决物流信息充分共享、社会物流资源充分利用的问题。

（4）加快物流产业标准化、规范化进程。物流业的标准化和规范化，对物流企业来说，可以提高企业内部管理效率，降低成本，提高服务质量；对消费者来说，标准化和规范化的物流与服务有利于增强消费者的信任及购买信心。这样才能建立一个高效率、低成本，极具竞争力的物流体系，为我国企业及电子商务的发展服务。

（5）电子商务与物流配送必须共同合作。通过制度创新充分挖掘和利用现有物流配送体系的资源优势，通过网络组织创新，使其同电子商务过程中的物流环节联合起来，形成有效的竞争与合作，对加速我国电子商务的建设与发展将发挥一个巨大的支持作用，电子商务的成本优势也将得到真正的实现与发挥。

（三）电子商务为第三方物流的发展搭建信息业务平台

电子商务的运作过程包含四种基本的流，即信息流、商流、资金流和物流。其中，物流是四流中最为特殊和必不可少的，若没有物流业的相伴发展，电子商务的优势就会大打折扣。尤其是第三方物流，电子商务只有以此为支点，才能实现发展上的成功跳跃。电子商务将物流业提升到了前所未有的高度，为其提供了空前的发展机遇；电子商务极高的运行效率需要高效的物流运作与之相配套，第三方物流成为满足企业电子商务配送需求的首选；电子商务赋予第三方物流新的特点。电子商务的发展给全球物流业带来新的变化，使现代第三方物流具备了信息化、自动化、网络化和个性化的新特点。

1. 电子商务为物流业开辟了一个全新的市场

电子商务出现以前，除了企业对企业的销售活动，如 BtoB 需要进行大批量的运输储存等物流活动外，大部分的零售业务，如 BtoC、CtoC 基本上都是面对面销售和货物自提，大部分商品都不需要通过物流公司送货。电子商务出现以后，在网上做生意，必然要求在网下搞配送，否则，网上的电子交易就不可能真正完成，这就将大量零售贸易也被纳入物流市场，由此大幅增加了物流需求量和流通量。在电子商务的环境条件下，残酷的市场竞争使得大部分企业不可能自营物流活动，而要聚精会神抓主业，把非核心的物流业务外包，物流外包业务的快速增长促进了第三方物流的发展。第三方物流企业集成各电子商务经营者的外包物流业务，进行规模化、集约化运作，互利共赢，提高效益。伴随着电子商务的发展，大量电子交易的出现，物流外包量的增加，第三方物流市场将会越来越大。

2. 电子商务给第三方物流提供了新的技术

电子商务信息技术全方位地渗透到物流管理领域，为第三方物流提供了较高的技术保证与信息沟通的渠道。电子商务环境下第三方物流企业的业务运营流程包括与客户签订物流业务合同，获取业务订单，组织物资的进货、入库、储存保管、出库、运输配送、资金结算等。整个过程应当充分利用电子商务环境的特点和优势，进行科学高效的组织和策划。企业要充分利用电子商务环境的特点，充分利用网络资源，扩大市场和经营规模，提高工作效率和自身的核心竞争力，从而达到提高经济效益的目的。

五、第三方物流在实践中的应用

（一）BtoB 电子商务企业如何选择合作物流企业

1. 选择原则

BtoB（Business-to-Business）电子商务模式是指电子商务企业的主流模式，参与 BtoB 电子商务的企业一般都具备完善的企业运营系统，对合作物流企业的选择应遵循以下原则。

（1）完备、简洁性原则。评价指标体系应能全面、准确地反映第三方物流供应商的各个方面情况，并且能将各个评价指标与系统的总体目标有机地联系起来，组成一个层次分明的整体，以便全面反映评价对象的优劣。在第三方物流供应商信息尽量充分的前提下，所选指标数目应尽可能少，

第三章 电子商务物流的主要运行模式分析

简洁明了,各指标之间不应有强相关性,不应出现过多的信息包容和涵盖而使指标内涵重叠。

(2)客观、可比性原则。指标筛选过程中应尽可能不受主观因素的影响,定性指标受主观影响较大,易产生理解偏差,而定量指标易于量化和度量,所以应尽可能选用可量化的指标。指标体系中的数据来源要真实可靠以保证评价结果的真实性和可比性。

(3)可重构、可扩充性原则。评价指标体系不仅要有数量上的变化,而且要有指标内容上的变化,用户可以根据不同的要求对指标体系进行修改、增加和删除,并根据具体情况将评价指标体系进一步具体化。

(4)简明科学性原则。评价指标体系的大小也必须适宜,即指标体系的设置应有一定的科学性。如果指标体系过大、指标层次过多、指标过细,势必就会将评价者的注意力吸引到细小的问题上;指标体系过小、指标层次过少、指标过粗,又不能充分反映第三方物流供应商的水平。

(5)可操作性原则。评价指标体系应具有可操作性,以提高评价结果的实用价值。除上述建立一般评价指标体系的原则外,这里还必须注意体现物流供应自身的特点:一是第三方物流为物流需求者提供物流服务,因此选择的第三方物流供应商的指标体系需要体现第三方物流的服务性特点,即服务水平、服务质量是核心因素;二是第三方物流供应商与生产经营企业之间是一种合同导向的战略联盟关系,因此第三方物流供应商不但必须与生产经营企业之间具有战略兼容性,联盟关系的稳定性也是非常重要的因素。

2. 选择模式

BtoB 电子商务企业通常可选以下五种物流模式。

(1)采用邮政特快专递(EMS)服务的物流模式。实现电子商务的企业或商家从网站或虚拟网站上获得消费者的购物清单和家庭地址等信息,然后到附近的邮局办理特快专递手续将商品寄出,消费者收到邮局的取货通知,到所在地邮局将商品取回,或由邮递员直接将商品送到顾客家中。

(2)物流联盟模式。物流联盟是指制造业、销售企业、物流企业基于正式的相互协议而建立的一种物流合作关系,参与联盟的企业汇集、交换或统一物流资源以谋取共同利益,同时,合作企业仍保持各自的独立性。生产加工商、电商营销平台、物流配送企业共同建立产业发展联盟的目的是取得比单独从事物流活动更好的效果,在企业间形成了相互信任、共担风险、共享收益的物流伙伴关系。此外,物流联盟的各个组成企业还要明确自身在整个物流联盟中的优势及担当的角色,减少内部的对抗和冲突,分工明晰,使企业把注意力都集中在提供客户指定的服务上,从而提高竞争能力和效率,满足企业跨地区、全方位物流服务的要求。

(3)网站自建配送的物流模式。企业或网站在各地的网民密集地区设置自己的配送点,在获得消费者的购物信息后,由配送点的人员将商品为消费者送货上门。这种物流模式可以满足消费者的"即购即得"购物心理需求。另外,这个模式也存在如下的问题:一是配送点的布局、人员的配备数量、商品的库存量等很难合理地确定。二是由于要满足用户的即时需求,对配送时效有严格的要求。很显然,高配送费用需要企业拥有更大的商品配送规模。

(4)借助第三方物流企业的模式。第三方物流就是电子商务主体将一部分或全部物流活动委托给外部的专业物流公司来完成。物流公司本身不拥有商品,而是与企业或商家签订合作协定或结成合作联盟。采用这种物流管理方式,送达消费者的时间比前述两种方式都要快,并且服务是专业化的、多功能的和全方位的。如果送货量太小,送货费用就会比 EMS 服务还要高。这种管理模式要求专业物流公司在基础设施、人员素质、信息系统等方面加强建设。

(5)网站与传统商业结合的模式。传统商业特别是连锁经营商业具有得天独厚的资源优势,丰富合理的商品种类、高附加值的服务、高效的配送体系等,这些正是电子商务主体所欠缺的。电子商务与传统连锁经营的结合能够充分发挥两者的优势,实现资源共享、优势互补。

(二)BtoC 电子商务企业如何选择合作物流企业

BtoC(Business-to-Consumer),物流首先是一种服务,企业建设物流系统的目的首先是实现企业的战略,所以企业发展物流必须确立物流规划与管理对企业总体战略的协助作用。同时,企业现代物流的发展必须建设两大平台和两大系统,即基础设施平台和信息平台,信息网络系统和物流配送系统。在进行企业物流规划管理最初,必须进行企业资源能力的分析,充分利用过去和现在的渠道、设施以及其他各种资源来完善企业的总体战略,并以最少的成本和最快的方式建设两大平台与两大系统。

1. 物流经营层：通过顾客服务建立战略方向

物流活动存在的唯一目的是要向内部和外部顾客提供及时准确的交货，无论交货是出于何种动机或目的，接受服务的顾客始终是形成物流需求的核心与动力。所以，顾客服务是制定物流战略的关键。同时要执行一项营销战略，必须考察企业在与争取顾客和保持顾客有关的过程中的所有活动，而物流活动就是这些关键能力之一，可以被开发成核心战略。在某种程度上，企业一旦将其竞争优势建立在物流能力上，它就具有难以重复再现的特色。

2. 物流结构层：物流系统的结构部分

这部分包括渠道设计和设施的网络战略，企业的物流系统首先应该满足顾客的服务需求，而物流系统的渠道结构和设施网络结构提供了满足这些需求的物质基础。物流渠道设计包括确定为达到期望的服务水平而需执行的活动与职能，以及渠道中的哪些成员将可以执行。渠道体系设计需要在渠道目标的制定，渠道长度和宽度的评价，市场、产品、企业及中间商因素的研究，渠道成员的选择及职责，渠道合作等方面认真分析与判断，因为体系一旦实施，就无法轻易地改变。随着顾客需求变化和竞争者的自我调整，渠道战略必须再评价，以维持或增强市场地位。

企业物流设施的网络战略要解决的问题有设施的功能、成本、数量、地点、服务对象、存货类型及数量、运输选择、管理运作方式（自营或向第三方外筹）等。网络战略必须与渠道战略以一种给顾客价值最大化的方式进行整合。如果涉及和第三方物流提供商的合作，物流网络可能就不仅会变得更为复杂，也比传统网络更加灵活。因此，对现有的仓储业务、库存配置方针、运输管理业务、管理程序、人员组织和体系等进行革新是明智之举。在动态的、竞争的市场环境中，需要不断地修正设施网络以适应供求基本结构变化。

物流职能层：尤其是运输、仓储和物料管理，物流战略规划职能主要是对企业物流作业管理进行分析与优化。运输分析包括承运人选择、运输合理化、货物集并、装载计划、路线确定及安排、车辆管理、回程运输或承运绩效评定等方面的考虑；仓储方面的考虑包括设施布置、货物装卸搬运技术选择、生产效率、安全、规章制度的执行等；在物料管理中，分析可以着重预测、库存控制、生产进度计划和采购上的最佳运作与提高。

物流执行层：企业物流战略规划与管理的最后一层为执行层，包括支持物流的信息系统、指导日常物流运作的方针与程序、设施设备的配置及维护以及组织与人员问题。其中，物流信息系统和组织结构设计是最重要的内容。

物流信息系统是一体化物流思想的实现手段和现代物流作业的支柱。没有先进的信息系统，企业将无法有效地管理成本、提供优良的顾客服务和获得物流运作的高绩效。当今企业要保持竞争力，就必须把信息基础结构的作用延伸到包括需求计划、管理控制、决策分析等方面，并将信息的可得性、准确性、及时性、灵活性、应变性等特点结合到一起，同时要注意与渠道成员之间的连接。

组织一体化、供应链整合、虚拟组织、动态联盟、战略联盟、战略伙伴、企业流程再造、敏捷制造等发生在组织管理领域的变革，需要以全新的思维认识企业，同时，物流管理要对变革做出积极的反应。一个整合的、高效的组织对成功的物流绩效是重要的。一体化的物流管理并不意味着将分散于各职能部门中的物流活动集中起来，单一的组织结构并非对所有的企业都是适宜的，关键在于物流活动之间的协调配合，要避免各职能部门追求局部物流绩效的最大化。

（三）CtoC 交易卖家如何选择快递服务提供商

CtoC（Customer to Customer）电子商务企业要选择适当的第三方物流供应商，应该建立一个综合的评价体系结构系统，进行全面的评价。借鉴国内外学者的研究以及随着消费多样化、生产流通高效化时代的到来，企业对物流服务的需求也越来越高，物流服务是现代物流今后发展的重要趋势。第三方物流供应商为物流需求者提供的不是产品，而是一种服务，因此选择的第三方物流供应商的指标体系需要体现第三方物流的服务性特点，即服务水平、服务质量是核心因素。

另外，由于第三方物流供应商与物流需求主体之间是一种双赢的战略关系，其相互依赖程度高，物流需求主体与第三方物流供应商之间的关系破裂还将对物流需求主体造成非常大的损失。第三方物流供应商必须与物流需求主体具有战略兼容性，能够与物流需求者形成稳定的战略合作关系，即联盟关系稳定性也是非常重要的因素。

同时第三方物流供应商的实力是很重要的。第三方物流供应商不仅是需求企业的战略投资者，也是企业风险的承担者。它只有在仓储设备、信息技术等方面根据客户企业的特点和行业状况提供专用化的投资，才能提供个性化的服务。物流技术是第三方物流技术的核心技术和竞争力，它的水平高低直接决定着该企业在市场上的生存和发展。

选择一个企业作为自己的合作伙伴，不仅要查看它的过去，还要考虑它的发展潜力。企业的发展潜力主要是考虑企业以后的发展前景，是否长期与该第三方物流供应商进行合作，因为长期稳定的协作关系不但可以减少建立关系的成本，而且相互了解和信任，可以提高整个供应链系统运行的柔性和可靠性。另外，物流需求者选择第三方物流供应商除考虑对方的实力、高质量、联盟关系的稳定性和发展潜力外，价格也是一个不容忽视的因素。CtoC 电子商务多、小、散的特点，依靠自身的力量，无力解决其交易过程中的物流问题，因此必须依赖第三方的物流企业。

目前，我国的物流快递业处于三雄并立——外资公司大而强，民营物流多且活，邮政速递网络好，各有优势，CtoC 电子商务存在着多种物流模式可供选择。

第二节　第四方物流

一、第四方物流概述

（一）第四方物流的概念

第四方物流（Fourth Party Logistics，4PL）的概念最早由安德森咨询公司提出，其定义是"一个供应链集成商，调集和管理组织自己的及具有互补性的服务提供商的资源、能力和技术，以提供一个综合的供应链解决方案"。有的咨询公司以"有领导力量的物流提供商"的名称提供类似的服务。无论如何称呼，这种提供供应链的有影响力的、综合的解决方案，都将为客户带来更高的价值。

第四方物流的概念在我国很少提及，即便在国外，物流业界对此也有不少异议，所以第四方物流思想的发展前景如何，尚待理论完善与实践检验。

第四方物流不仅控制和管理特定的物流服务，还针对整个物流过程提出策划方案。因此，第四方物流成功的关键在于为客户提供最佳的增值服务,即迅速、高效、低成本和人性化服务等。发展第四方物流需综合第三方物流的能力、技术及贸易流通管理等,为客户提供功能性一体化服务,并提高营运自主性。

(二)第四方物流的特点

第一,第四方物流提供了一种综合性供应链解决方法,以有效地适应客户多样化和复杂化的需求,集中所有资源为客户完美地解决问题。

(1)供应链再建。通过供应链的参与并将供应链规划与实施同步进行,或通过独立的供应链参与者之间的合作提高规模和总量。供应链再建改变了供应链管理的传统模式,创造性地重新计了参与者之间的供应链,使之实现真正的一体化。

(2)功能转化。功能转化主要是指销售和操作规划、配送管理、物资采购、客户响应及供应链技术等,通过战略调整、流程再造、整体改变管理和技术,使客户间的供应链运作一体化。

(3)业务流程再造。业务流程再造是指将客户与供应商的信息和技术系统一体化,把人的因素和业务规范有机地结合起来,使整个供应链规划和业务流程能够贯彻实施。

(4)实施第四方物流。实施第四方物流是指开展多功能、多流程的供应链业务,其范围远远超出传统外包运输管理和仓储作业的物流服务。企业可以把整条供应链全权交给第四方物流来运作,第四方物流可为供应链提供完整的服务。

第二,第四方物流通过影响整个供应链来获得价值,与类似外包的供应链的区别之一在于其能够为整条供应链上的客户带来收益。

(1)利润增长。第四方物流的利润增长将取决于服务质量的提高、实用性的增加和物流成本的降低。由于第四方物流关注的是整条供应链,而不是单纯的存储或运输方面的效益,因此其为客户及自身带来的综合效益会展现出来。

(2)运营成本降低。运营成本降低可通过运作效率提高、流程增加和采购成本降低来实现,即通过整条供应链外包功能来达到节约的目的。流程一体化、供应链的改善和实施将使运营成本和产品销售成本降低。

(3)工作成本降低。采用现代信息技术、科学的管理流程和标准化管理,使存货和现金流转次数减少,可以降低工作成本。

第三章 电子商务物流的主要运行模式分析

（4）提高资产利用率。客户通过采用第四方物流，减少固定资产占用，提高资产利用率，并通过投资研究设计、产品开发、销售与市场拓展等获得经济效益的提高。

第四方物流成功地影响了大批服务商（第三方物流、网络工程、电子商务、运输企业等）及客户的能力和供应链上的伙伴。它作为客户间的连接点，通过合作或联盟提供多样化服务。

第四方物流的优点使得迅速、高质量、低成本的运送服务得以实现。不少人认为第四方物流由于难以获得委托方的信任而只能是一个设想。随着社会经济的不断发展，第四方物流将会得到广泛的运用。

二、第四方物流的优势与不足

第四方物流可以降低企业物流运营成本，提高运营效率，树立高品质的物流服务，培植企业的核心竞争力。其优势见表3-3所示。

表3-3 第四方物流的优势

优势	内容
降低企业物流运营成本	第四方物流能够充分利用其物流网络及现有的信息技术对物流活动中的所有环节进行整合、协调并管理物流各环节、各参与方的活动与利益冲突，从而能够帮助企业持续降低物流的整体运作成本
提高运营效率	第四方物流能够提高库存周转率，改善客户的库存管理水平，并通过提高物流设备利用率或资产重组，将利用率低的资产进行处理，加快固定资产的周转率。此外，第四方物流还可以通过采用先进的物流管理系统，提高物流工作单执行的质量，增加客户满意度，加速客户付款过程，从而加快应收账款的周转率，提高资金的利用效率
树立高品质的物流服务	第四方物流可以提供专业化的供应链物流管理运作能力和专业高素质的物流人才，制订出以客户为导向的快捷、优质、价廉的物流服务方案，改善物流服务质量。这种服务有利于参与市场竞争，有利于树立企业和品牌的形象，有利于和服务对象结成长期的、稳定的、战略性合作伙伴，这对企业长远的、战略性的发展有非常重要的意义
培养企业的核心竞争力	核心竞争力是企业在市场竞争中保持持续优势的源泉。采用第四方物流，能使企业更好地配置自身的资源，专注核心业务，集中优势资源拓展主业，大大提升企业的核心竞争力，并为企业的后续发展提供永久的动力

第四方物流虽给企业带来很多优势，但其独立生存的能力不强，对自身的管理能力和协调能力的要求均较高。其不足见表3-4所示。

表 3-4　第四方物流的不足

不足	内容
独立生存的能力不强	相对第三方物流而言，第四方物流独立生存的能力不强，其失去了对物流的环节及所有特殊职能上的直接控制。第四方物流的思想必须依靠第三方物流的实际运作来实现并得到验证，如果第四方物流带有偏好选择合作方，而不是寻找最有效的供应商，则会有潜在的低效或成本更高的可能
对管理能力的要求较高	第四方物流要管理好第三方物流提供商的活动和其中所包含的战略性、营运性因素，对其管理能力的要求较高
对协调能力要求较高	第四方物流要求供应链中各合作成员要通过信息公开共有、计划共有、业务共同化等制度建设，积极地为合作方提供利益，因而对第四方物流的协调能力要求很高

三、第四方物流的运作模式

（一）协同运作模型

在协同运作模式下，第四方物流企业只与第三方物流企业有内部合作关系，即第四方物流企业不直接与客户接触，而是通过第三方物流企业实施其提出的供应链解决方案、再造的物流运作流程等。这就意味着，第四方物流企业与第三方物流企业共同开发市场，在开发的过程中第四方物流企业向第三方物流企业提供技术支持、供应链管理决策、市场准入能力及项目管理能力等，它们之间的合作关系可以采用合同方式绑定或采用战略联盟方式形成。

（二）方案集成商模式

在方案集成商模式下，第四方物流企业作为连接客户与第三方物流企业的纽带，将客户与第三方物流企业连接起来，这样客户就不需要与众多第三方物流企业进行接触，而是直接通过第四方物流企业来实现复杂的物流运作的管理。在这种模式下，第四方物流企业作为方案集成商，除了提出供应链管理的可行性解决方案，还要对第三方物流企业的资源进行整合、统一规划，从而为客户服务。

（三）行业创新者模式

行业创新者模式与方案集成商模式有相似之处，在这两种模式下，第四方物流企业都作为连接客户与第三方物流企业的纽带，将物流运作的两个端点连接起来。二者的不同之处在于，行业创新者模式下的客户是同一行业中的多个企业，而方案集成商模式下的客户只有一个。在行业创新者模式下，第四方物流企业可以提供行业整体物流的解决方案，这样可以使第四方物流企业运作的规模更大限度地得到扩大，使整个行业在物流运作上获得收益。

第四方物流无论采取哪一种模式，都突破了单纯发展第三方物流的局限性，能真正地实现低成本运作和最大范围的资源整合。第三方物流企业缺乏跨越整个供应链运作，以及真正整合供应链流程所需的战略专业技术，第四方物流企业则可以不受约束地将每个领域的最佳物流企业组合起来，为客户提供最佳物流服务，进而形成最优物流方案或供应链管理方案。由于第三方物流企业只能独自或通过与自己有密切关系的转包商来为客户提供服务，因此不太可能提供技术、仓储与运输服务的最佳结合。

第三节 物流联盟

一、物流联盟概述

（一）物流联盟概念

联盟是介于独立的企业与市场交易关系之间的一种组织形态，是企业间由于自身某些方面发展的需要而形成的相对稳定的、长期的契约关系。物流联盟是以物流为合作基础的企业战略联盟，它是指两个或多个企业之间，为了实现自己物流战略目标，通过各种协议、契约而结成的优势互补、风险共担、利益共享的松散型网络组织。在现代物流中，是否组建物流联盟，作为企业物流战略的决策之一，其重要性不言而喻。在我国，物流水平处于初级阶段，组建联盟显得尤为重要。

一般而言，物流联盟有如下三个特点：相互依赖、核心专业化和强调合作。物流联盟适用于两种情况：第一，物流在企业的发展战略中起主要作用，而企业自身的物流管理能力、管理水平又比较低。这种情况下组建物流联盟将会在物流设施、运输能力、专业管理技巧上收益极大。第二，物流虽然在其战略中不占关键地位，但其物流水平很高。这时组建物流联盟可能寻找伙伴共享物流资源，通过增加物流量获得规模效益，降低成本。

（二）物流联盟产生的原因

1. 利益是物流联盟产生的最根本原因

企业之间有共享的利益是物流联盟形成的基础。物流市场及其利润空间是巨大的。物流成本在发达国家占 GDP 的 10%左右，而在中国占 15%~20%，如此大的市场与中国物流产业的效率低下形成鲜明的对比，生产运输企业通过物流或供应链的方式形成联盟将有利于提高企业的物流效率，实现物流效益的最大化。

2. 大型企业保持其核心竞争力，也是一个重要因素

一些大型企业为了保持核心竞争力，通过物流联盟方式将物流外包给第三方物流公司。例如英国的罗兰爱思（Laura Ashley）是一家时装和家具零售商和批发商，从 1953 年的一个家庭为基础的商业企业发展到在全球 28 个国家有 540 个专卖店的企业。20 世纪 80 年代，罗兰爱思公司开始使用联邦快递的服务来经营北美地区业务，在 20 世纪 90 年代初，罗兰爱思面临着一个物流问题：即陈旧和集中的存货系统使公司在正常的基础上很难提供充足数量的产品，罗兰爱思公司的仓储和供应网络会延迟送货时间，尤其在英国以外的国家。为了提升竞争地位，增加核心竞争力，罗兰爱思公司决定与联邦快递（Fedex）结盟，外包其关键性的物流功能，如存货控制和全球物流配送。于是在 1992 年 3 月，公司外包其未来 10 年内的总计 2.25 亿美元的全球物流服务项目给联邦快递公司。罗兰爱思公司减少了其一半的库存货物，减少了 10%~12%的物流费用。补货控制在 48 小时内，提高了产品的供货质量。尤其重要的是那些易损的产品实现了更可靠、频繁和准时地配送。

3. 中小企业为了提高物流服务水平，通过联盟方式解决自身能力的不足

近年来，随着人们消费水平的提高，零售业得到了迅猛的发展，这在给物流业带来了发展机遇的同时，也带来了新的挑战。因物流发展水平的长期落后，如物流设备、技术落后，资金不足，按行政条块划分物流区域等，很多企业尤其是中小企业不能一下子适应新的需求，于是其可以通过联盟的方式来解决这个问题。

4. 资源整合

第四方物流为中心对物流服务的各个机构尤其是第三方物流公司进行

第三章 电子商务物流的主要运行模式分析

整合,在数量和质量上服务能力都大大增加,解决单独靠一家企业或第三方物流机构不能完成的问题,因此产生了新的联盟方式。

5. 网络技术的广泛应用使跨地区的物流企业联盟成为可能

由于信息高速公路的建成,使得世界距离大大缩短,异地物流企业利用网络也可以实现信息资源共享,为联盟实施提供了有利的条件。

6. 中国物流企业面临跨国物流公司的竞争压力,通过物流联盟形式来应对

中国加入WTO,给国外的投资商带来无限的商机,而具有巨大潜力的物流业成为令其眼红的一个领域,面对强劲的竞争对手,中国的物流企业只有结成联盟,通过各个行业和从事各环节业务的企业之间的联合,实现物流供应链全过程的有机融合,通过多家企业的共同努力来抵御国外大型物流企业的入侵,形成一个强大的力量,共进退、同荣辱,才有可能立于不败之地。

(三)物流联盟的类型

一般从物流业务环节的角度,对物流联盟进行分类。主要有如下四种方式。

1. 纵向物流联盟

纵向物流联盟是指处于物流活动不同作业环节的企业之间通过相互协调形成的合作性、共同化的物流管理系统。一是在不同物流作业环节具有比较优势的各个物流企业之间进行合作。二是形成供应链战略联盟,即生产企业与供应商和顾客发展良好的合作关系,对从原材料采购到产品销售的全过程实施一体化合作。

2. 横向物流联盟

所谓横向物流联盟是指相同地域或者不同地域的服务范围相同的物流企业之间达成的协调、统一运营的物流管理系统。一是组建横向一体化物流联盟不仅能使分散的物流产业获得规模经济和集约化运作,从而降低成本和风险,而且可以形成一个更完善的物流网络体系。二是以连锁加盟形式创建企业品牌以不断扩大的物流规模获得了人们的普遍关注。

3. 混合型物流联盟

既有处于平行位置的物流企业,也有处于上下游位置的中小企业加盟

组成，他们的核心是第三方物流机构。由于同一行业中多个中小企业存在着相似的物流需求，可以自身的物流外包给第三方物流机构，共同采购、共同配送，构筑物流市场，形成相互信任、共担风险、共享收益的集约化物流伙伴关系，并且以签订联盟契约作为联盟企业的约束机制，使社会分散的物流获得规模经济和提高物流效率。同时，这种物流战略联盟可使众多中小企业联盟成员共担风险，降低企业物流成本，并能从第三方物流机构得到过剩的物流能力与较强的物流管理能力，提高企业经济效益。

4. 动态联盟（虚拟联盟、项目联盟）

动态联盟是为了快速响应某一市场机遇，将涉及的不同企业临时组成一个没有围墙、超越空间约束、靠计算机网络联系、统一指挥的合作经济实体。

二、物流联盟的优势与不足

（一）优势

1. 市场开拓

大企业通过物流联盟迅速开拓全球市场，如罗兰爱思，正是与联邦快递联盟，完成其全球物流配送，从而使业务在全球范围内展开。

2. 降低风险

供应链关系发展成为联盟形式，有助于降低企业的风险。单个企业的力量是有限的，它对一个领域的探索失败后其损失会很大，如果几个企业联合起来，在不同的领域分头行动，就会减少风险。另外，联盟企业在行动上也有一定协同性，因此对突如其来的风险，能够共同分担，这样可以减少各个企业的风险，提高其抵抗风险的能力。

3. 减少成本

尤其是中小企业通过物流服务提供商结成联盟，能有效地降低物流成本（通过联盟整合，可节约成本 10%~25%），提高企业竞争能力。由于中国物流业存在着诸多不利因素，让这些企业进行联盟能够在物流设备、技术、信息、管理、资金等各方面互通有无，优势互补，减少重复劳动、降低成本，达到共同提高、逐步完善的目的，从而使物流业朝着专业化、集约化方向发展，提高整个行业的竞争能力。此外，物流联盟有助于物流合作伙伴之间在交易过程中减少相关交易成本。物流合作伙伴之间经常沟通与合作，互通信息，建立相互信任关系，减少履约风险。即使在服务过程中产生冲突，也可通过协商加以解决，从而避免无休止讨价还价，甚至产生法律诉讼费。

4. 提高服务能力

物流公司通过联盟有利于弥补在业务范围内服务能力的不足。例如，联邦快递（Fedex）公司发现自己在航空运输方面存在明显的不足，于是决定把一些不是自己核心竞争力的业务外包给其他公司，与其联盟，作为它的第三方物流提供商。

（二）不足

1. 合作伙伴的更换比较困难

物流企业联盟是通过合同形式形成的优势互补，既是一种双向资源的流动，同时又保持着一种相互信任、共担风险、共享收益的物流伙伴关系。因此，企业之间既不完全采取导致自身利益最大化的行为，也不完全采取导致共同利益最大化的行为，只是在物流方面通过契约形成优势互补，因而在选择物流伙伴的时候比较复杂，既需要考虑各方面的因素，也存在很大难度，一旦发现合作期间存在很多的问题，那么更换物流伙伴就是一个比较困难的事情。

2. 长期经营效率偏低，有待提高

虽然通过物流联盟的模式可以减少不必要的投资，获得一些先进的物流技术，但由于是多方联盟合作，在物流运作过程中会存在很多的不确定性，只有多方达成一个共同的管理理念，运用恰当的管理技巧，来共同实现利益的最大化，才能实现有效经营，才能提高合作效率。

三、物流联盟的运作模式

物流联盟的运作模式包括传统外包型、战略联盟型和综合物流型三类。

（一）传统外包型

简单普通的物流运作模式是第三方物流企业独立承包一家或多家生产商或经销商的部分或全部物流业务。企业外包物流业务，降低了库存，甚至达到"零库存",节约物流成本,同时可精简部门,集中资金、设备于核心业务,提高企业竞争力。第三方物流企业各自以契约形式与客户形成长期合作关系,保证了自己稳定的业务量,避免了设备闲置。这种模式以生产商或经销商为中心,第三方物流企业往往不需专门添置设备和业务训练,管理过程简单。订单由产销双方完成,第三方物流只完成承包服务,不介入企业的生产和销售计划。目前我国大多数物流业务就是这种模式,实际上这种方式比传统的运输、仓储业并没有多先进。这种方式以生产商或经销商为中心,第三方物流之间缺少协作,没有实现资源更大范围的优化。这种模式最大的缺陷是生产企业与销售企业,以及与第三方物流之间缺少沟通的信息平台,会造成生产的盲目和运力的浪费或不足,以及库存结构的不合理。据统计,目前物流市场以分包为主,总代理比例较少,难以形成规模效应。

(二)战略联盟型

物流联盟是以物流为合作基础的企业战略联盟,供应链上两个或多个企业之间,为了实现自己的战略目标,通过协议对各成员的物流资源进行重新组合,结成优势互补、风险共担、利益共享的松散型网络组织。物流联盟的最大好处是可以利用规模经济,便物流企业对资源的使用界限扩大,提高资源使用效率,减少沉没成本。对生产商来说,减少物流方面的新投入,降低企业进入和退出壁垒,提高企业战略调整的灵活性。通过市场机制实现的交易产生机会的可能性更大,而战略联盟的方式是以非正式组织代替市场机制,通过稳定的契约建立彼此间的信任,减少有限理性导致的机会主义行为发生,实现长期合作的同时降低交易成本。物流联盟中的任何一方如果发生契约威胁和合作终止,就会减少合作投资收益,战略联盟中的交易双方享有对资产的虚拟占有性,因此将这种战略合作关系称为"虚拟一体化"。

物流联盟按照合作性质或合同性质分为契约式联盟和股权式联盟,契约式联盟是物流联盟的低级形式,它只能在短期内节约物流成本,因为交易条件是瞬息万变的,人的有限理性决定了一切契约都是不完全契约,所以长期内契约式联盟的交易成本不仅更高,也更不稳定。股权式联盟是未来物流联盟的发展趋势。

相对股权式联盟而言,契约式联盟更强调相关企业的协调与默契,虽然在经营的灵活性、自主权和经济效益等方面具有更大的优越性，但契约式战略联盟的先天不足则在于，企业对联盟的控制能力不足，松散的组织缺乏稳定性和长远利益，联盟内成员之间的沟通不充分，组织效率低下等。同时这种联盟方式中各成员是合作伙伴关系，实行独立核算，因此有时很难协调彼此的利益，在彼此利益不一致的情况下，要想实现资源更大范围的优化就存在一定的局限性。相反，股权式战略联盟有利于扩大企业的资金实力，合作方具有高度的信任感和责任感，合作双方关系更能持久。

（三）综合物流型

综合物流公司集成物流的多种功能——仓储、运输、配送、信息处理和其他一些物流的辅助功能，如包装、装卸、流通加工等，组建完成各相应功能的部门，综合第三方物流扩展了物流服务范围，对上家生产商可提供产品代理、管理服务和原材料供应，对下家经销商可全权代理为其配货送货业务，可同时完成商流、信息流、资金流、物流的传递。

第四章　电子商务环境下的智慧物流

第一节　智慧物流

一、认识智慧物流

智慧物流是在物联网的广泛应用基础上，利用先进的信息采集、信息处理、信息流通和信息管理技术，将完成包括运输、仓储、配送、包装、装卸等多项基本活动的货物从供应者向需求者移动的整个过程。智慧物流系统可以为供方提供最大化利润，为需方提供最佳服务，同时消耗最少的自然资源和社会资源，最大限度地保护生态环境。

（一）智慧物流产生的背景

近年来，中国电子商务产业成为消费增长的重要产业之一，由此产生的庞大包裹量推动物流领域逐步走向智慧化。但是，目前中国物流发展水平远远不能满足电子商务快速发展的需求。尤其在节假日、电商促销时，快递物流公司频频出现"爆仓"现象，再加上物流水平不高，存在到货慢、货物丢失、商品损毁、送货不到位等一系列问题，这些成为消费者主要的投诉原因之一。电子商务现在已经渗透到人们日常生活的方方面面，电子商务物流在迎来巨大发展空间的同时也面临着升级的挑战，如更快的速度、更低廉的价格、更优质的服务等。

2009 年，我国提出了"感知中国"的理念，表示中国要抓住机遇，大力发展物联网技术，着力突破传感网、物联网关键技术。同时，国务院发布《物流业调整和振兴规划》提出，积极推进企业物流管理信息化，促进信息技术的广泛应用；积极开发和利用全球导航卫星系统（Global Navigation Satellite System，GNSS）、地理信息系统（Geographic Information System，GIS）、道路交通信息通信系统（Vehicle Information and Communication System，VICS）、电子收费系统（Electronic Toll Collection System，ETC）、智能交通系统（Intelligent Traffic System，ITS）等运输领域新技术，加强

第四章 电子商务环境下的智慧物流

物流信息系统安全体系研究。在 2010 年，物联网成为当年"两会"的热门话题，"积极推进'三网'融合，加快物联网的研发应用"首次被写入政府工作报告。同时，一系列物联网发展相关的产业政策陆续出台。

2011 年，国务院办公厅《关于促进物流业健康发展政策措施的意见》强调，加强物流新技术的自主研发，重点支持货物跟踪定位、无线射频识别、物流信息平台、智能交通、物流管理软件、移动物流信息服务等关键技术攻关，并适时启动物联网在物流领域的应用示范。两项政策都从国家宏观层面，强调要发挥地理信息系统等关键信息技术在物流信息化中的作用。随着物联网、大数据、人工智能等前沿信息技术的发展，智慧物流已经成为物流行业的重要发展趋势。

自 2017 至今中国智慧物流市场规模持续扩大。随着智能标签、无线射频识别、电子数据交换技术、全球定位系统、地理信息系统、智能交通系统等应用的日益成熟，时下，国内有越来越多的行业已经开始积极探索物联网在物流领域应用的新模式，实现智慧物流，以较大幅度地提高资源利用率和经营管理水平。

基于上述背景，结合物流行业信息化发展现状，考虑到物流业是最早接触物联网的行业，也是最早应用物联网技术，实现物流作业智能化、网络化和自动化的行业，2009 年 12 月，中国物流技术协会信息中心、华夏物联网、《物流技术与应用》编辑部联合提出"智慧物流"的概念。智慧物流概念的提出，不但顺应历史潮流，也符合现代物流业发展的自动化、网络化、可视化、实时化、跟踪与智能控制的发展新趋势，符合物联网发展的趋势。

中国物联网校企联盟认为，智慧物流是指利用集成智能化技术，使物流系统能模仿人的智能，具有思维、感知、学习、推理判断和自行解决物流中某些问题的能力，即在流通过程中获取信息从而分析信息做出决策，使商品从源头开始被实施跟踪与管理，实现信息流快于实物流，即可通过射频识别、传感器、移动通信技术等让配送货物自动化、信息化和网络化。

"智慧物流"的特征主要体现在如下三个方面：一是运用现代信息和传感等技术，运用物联网进行信息交换与通信，实现对货物仓储、配送等流程的有效控制，从而降低成本、提高效益、优化服务。二是通过应用物联网技术和完善的配送网络，构建面向生产企业、流通企业和消费者的社会化共同配送体系。三是将自动化、可视化、可控化、智能化、系统化、网络化、电子化的发展成果运用到物流系统。简而言之，所谓"智慧物流"，就是运用物联网和现代某些高新技术构成的一个自动化、可视化、可控化、智能化、系统化、网络化的社会物流配送体系。

（二）智慧物流发展的主要支撑

1. 自动识别

自动识别技术是指以计算机、光、机、电、通信等技术的发展为基础的一种高度自动化的数据采集技术。它是指通过应用一定的识别装置，自动地获取被识别物体的相关信息，并提供给后台的处理系统来完成相关后续处理的一种技术。它能够帮助人们快速而又准确地进行海量数据的自动采集和输入，目前在运输、仓储、配送等方面已得到广泛的应用。自动识别技术在 20 世纪 70 年代初步形成规模，经过几十年的发展，自动识别技术已经发展成为由条码识别技术、智能卡识别技术、光字符识别技术、射频识别技术、生物识别技术等组成的综合技术，并正在向集成应用的方向发展。

2. 数据仓库和数据挖掘

数据仓库出现在 20 世纪 80 年代中期，它是一个面向主题的、集成的、非易失的、时变的数据集合，数据仓库的目标是把来源不同的、结构相异的数据经加工后在数据仓库中存储、提取和维护，它支持全面的、大量的复杂数据的分析处理和高层次的决策。数据仓库使用户拥有任意提取数据的自由，而不干扰业务数据库的正常运行。数据挖掘是指从大量的、不完全的、有噪声的、模糊的及随机的实际应用数据中，挖掘出隐含的、未知的、对决策有潜在价值的知识和规则的过程。一般分为描述型数据挖掘和预测型数据挖掘两种。描述型数据挖掘包括数据总结、聚类及关联分析等，预测型数据挖掘包括分类、回归及时间序列分析等。其目的是通过对数据的统计、分析、综合、归纳和推理，揭示事件间的相互关系，预测未来的发展趋势，为企业的决策者提供决策依据。

3. 人工智能

人工智能是指探索研究用各种机器模拟人类智能的途径，使人类的智能得以物化与延伸的一门学科。它借鉴仿生学思想，用数学语言抽象描述知识，用以模仿生物体系和人类的智能机制，目前主要的方法有神经网络、进化计算和粒度计算三种。神经网络是在生物神经网络研究的基础上模拟人类的形象直觉思维,根据生物神经元和神经网络的特点,通过简化、归纳,提炼总结出来的一类并行处理网络。进化计算是模拟生物进化理论而发展起来的一种通用的问题求解的方法。因为它来自自然界的生物进化,所以它具有自然界生物所共有的极强的适应性特点,这使得它能够解决那些难以用传统方法来解决的复杂问题。粒度计算像一把大伞,它覆盖了所有有关粒度的理论、方法论、技术和工具的研究。目前主要包括模糊集理论、粗糙集理论和商空间理论三种。

(三) 发展智慧物流应处理好的几个关系

1. 热与冷的关系

智慧物流口号虽然很热,但应用很冷。智慧物流是指将新一代信息技术应用于物流业中,实现物流的自动化、可视化、可控化、智能化和网络化,从而提高资源利用率和生产力不平的创新服务模式。近年来,智慧物流时常伴随着智慧城市、大数据、云计算和电子商务等市场热点词汇出现在人们的视野中,而真正从企业、技术、产业、区域等几个层面,做到智慧物流的地方并不多见。可以说,当前智慧物流仍处在概念阶段,如何将智慧物流落到实处是当前我们面临的重要任务。有关智慧物流参与方要清醒地意识到目前存在的问题,从智慧物流热潮中冷静下来,分析形势,认准方向。

2. 量变与质变的关系

目前智慧物流在运输管理、监控、质量追溯等方面已经得到了应用,这些应用虽然局限于一定范围和一定的行业,但达到一定量后会产生质的变化,甚至可以彻底颠覆传统物流或传统的思想理念。例如电商的发展已经对传统的商业模式造成了颠覆性冲击;随着智慧物流,特别是移动终端在物流领域的应用,现有的传统物流园和物流企业都将面临一次大规模的洗牌。例如,某企业自行研发的智能移动配货终端机,相当为司机配备了一个随身的配货站,司机无须去专门的停车场即可找到适合自己的货源,由此可以大大降低空载率,提高经济效益。

3. 政府与企业的关系

智慧物流中政府和企业各自的定位非常关键。对政府而言,应该重点抓标准建设,针对不同行业、不同领域的物流作业,总结挖掘其中的共性特征。在参考国外先进经验的基础上,结合我国国情,制定出适合我国市场和产业发展需求的物流标准和信息化标准。同时,政府有关部门应该将智慧物流中的公共服务内容与通信等设施作为城市基础设施进行规划、设计、开发、建设、运营,营造物流信息化互联互通的环境。在政策和资金扶持上,要从以往重硬件重固定资产投资的理念向重软件和服务转变。此外,纵观国内物流信息化建设,特别是近期出现的智慧城市建设,有关物流信息安全的问题需要引起各级政府部门重视,物流信息化出现的行业数据事关国家经济安全,要从国家安全的战略层面,将物流信息化等行业信息化的数据作为国家战略资源进行管理,打造国家的智慧数字长城。

对物流园区和企业而言,则从市场角度,打破以往项目独立开发或购买产权(把软件安装在自己的服务器或电脑上)的思维模式,通过租用,不仅可以低成本获得信息化服务,同时能打破信息孤岛现象,从信息化中得到更大的效益。对智慧物流研发和服务企业而言,不仅要注重客户的表面需求,还要挖掘客户深层次的需求,根据自身特点寻找切入点,尽可能采用合作开发或参与到某一应用中,这样才能把市场做得更强更大。

二、智慧物流的发展现状与趋势

(一)智慧物流的发展现状

目前,智慧物流的概念已经被我国运输、仓储及生产、销售企业所广泛认识,虽具备了一定的基础,但尚处于起步阶段。

(1)产品的智能可追溯系统。目前,在医药领域、农业领域、制造领域,产品追溯工系都发挥着货物追踪、识别、查询、信息等巨大作用。例如,食品的可追溯系统、药品的可追溯系统等为保障食品安全、药品安全提供了坚实的物流保障。粤港合作供港蔬菜智能追溯系统,通过安全的射频识别标签,可以实现对供港蔬菜进行溯源,实现了对供港蔬菜从种植、用药、采摘、检验、运输、加工到出口申报等各环节的全过程监管,可快速、准确地确认供港蔬菜的来源和合法性,加快了查验速度和通关效率,提高了查验的准确性。

(2)物流过程的可视化智能管理网络系统。基于全球定位系统(Global Positioning System, GPS)、射频识别技术(Radio Frequency Identification, RFID)、传感技术(Sensor Technology)等,可以在物流过程中实时实现车辆定位、运输物品监控,并在线调度与配送可视化与管理系统。目前,全网络化与智能化的可视管理网络虽还未实现,但初级的应用比较普遍。例如一些物流公司或企业建立了GPS智能物流管理系统，一些公司建立了食品冷链的车辆定位与食品温度实时监控系统等，初步实现了物流作业的透明化、可视化管理。

（3）智能化的企业物流配送中心。基于传感、射频识别技术、声、光、机、电、移动计算等，建立全自动化的物流配送中心，建立物流作业的智能控制、自动化操作的网络，实现物流与制造联动，实现商流、物流、信息流、资金流的全面协同。例如，一些自动化物流中心，已经实现了机器人码垛与装卸，无人搬运车进行物料搬运，自动化的输送分拣等。这样，物流中心信息与制造业企业资源计划（Enterprise Resource Planning，ERP）系统进行无缝对接，整个物流作业系统与生产制造实现了自动化、智能化。

（4）智慧物流向智慧供应链延伸。智慧供应链是结合物联网技术和现代供应链管理的理论、方法和技术，在企业中和企业间构建的，实现供应链的智能化、网络化和自动化的技术与管理综合集成系统。目前，中国许多实业仍然停留在"大而全""小而全"的商业运作模式，社会化程度不高，所以形成了物流需求不足，特别是增值物流服务不足的局面。供应链管理不但是物流发展的必然趋势，而且是所有实业经济发展的必然趋势，还是改变经济发展方式的杀手锏，所以智慧物流一定要向智慧供应链延伸。

（二）智慧物流发展存在的问题

我国智慧物流起步较晚，存在管理体制机制不健全，物流企业智慧化程度低，物流信息标准体系不健全，信息技术落后，智慧物流专业人才缺乏等问题。

（1）管理体制机制不健全。智慧物流业涉及商务、交通、信息技术等行业领域，业务管理涉及发改委、交通部、工信部等。目前，我国智慧物流业管理体制尚不能打破部门分割、条块分割的局面，仍然存在"信息孤岛"现象，造成我国智慧物流建设资源的浪费，智慧物流管理责任不清晰，亟待建立协调多部门资源的智慧物流专业委员会，加强顶层设计，统筹各种资源，确保智慧物流建设的顺利开展。

（2）物流企业智慧化程度低。目前，很多企业已经开始利用物联网技术构建智慧物流系统。然而，企业规模普遍不大，地区分布不均，并且缺乏有效的管理措施，导致管理混乱，生产要素难以自由流动，资源配置无法优化，难以形成统一、开放、有序的市场，特别是缺乏龙头企业带动，难以形成产业集群。大多数中小企业在物流信息化方面显得很力不从心，由于缺乏人才和资金，加上管理层对信息技术应用重视程度不够，即使引进了相关智慧物流技术，配套基础设备也跟不上，导致企业效益没有明显提高。

（3）物流信息标准体系不健全。智慧物流是建立在物流信息标准化基础之上的，这就要求在编码、文件格式、数据接口、电子数据交换、全球定位系统等方面实现标准化，以减少不同企业之间的信息沟通障碍。由于缺乏信息的基础标准，中国不同信息系统的接口成为制约信息化发展的瓶颈，导致物流标准化体系建设不完善，物流信息化业务标准与技术标准的制定和修改无法满足物流信息化发展的需求。许多物流信息平台和信息系统遵循各自制定的规范，导致企业间、平台间、组织间无法实现信息交换与共享。此外，商品从生产、流通到消费等各个环节难以形成完整的供应链，这影响了物流行业管理与电子商务发展的效率。

（4）中国的物流行业在信息技术方面确实存在落后的问题，同时，缺乏完善的信息化平台。物流信息化是现代物流业发展的关键，但是，目前中国的物流信息技术相对滞后，缺乏统一的标准和规范，导致不同系统之间的信息交换和共享存在很大的障碍。另外，物流信息化平台建设也不完善。缺乏集成的信息化平台，无法实现物流信息的共享和优化配置，难以对物流运作进行精确的监控和管理。为了改善这种状况，需要加强信息技术的研究和开发，推广先进的物流信息技术和标准，建设完善的物流信息化平台，推动物流信息的共享和交换，提高物流行业的整体运作效率和竞争力。

（5）物流专业人才缺乏。随着物流业迅速发展而产生的人才需求问题日益突出，目前我国物流人才缺口大，绝大多数物流企业缺乏高素质的物流一线岗位技能人才和既懂物流管理业务，又懂计算机、网络、通信等相关技术知识，熟悉现代物流信息化运作规律的高层次复合型人才，高端人才和一线技能型人才培养规模占比低，现有物流管理人才能真正满足物流企业实际需求的很低。大中专院校物流人才培养方案与企业实际需要相比还存在较大差距，培养智慧物流合格人才的任务十分紧迫。

（三）智慧物流的发展趋势

智慧物流的未来发展将会体现出四个特点：智能化、一体化、柔性化和社会化，即物流作业过程中的大量运筹与决策的智能化。以物流管理为核心，实现物流过程中运输、存储、包装、装卸等环节的一体化和智慧物流系统的层次化。智慧物流的发展会更加突出"以顾客为中心"的理念，根据消费者需求变化来灵活调节生产工艺。智慧物流的发展将会促进区域经济的发展和资源优化配置，实现社会化。

1. 智能化

智能化是物流发展的必然趋势，是智慧物流的典型特征，它贯穿物流活动的全过程。随着人工智能技术、自动化技术、信息技术的发展，其智能化的程度将不断提高。集着时代的发展，它将不仅仅限于库存水平的确定、运输道路的选择、自动跟踪的控制、自动分拣的运行、物流配送中心的管理等问题，还会不断地被赋予新的内容。

2. 一体化

智慧物流既包括企业内部生产过程中的全部物流活动，也包括企业与企业、企业与人人之间的全部物流活动等。智慧物流的一体化是指智慧物流活动的整体化和系统化，它是以智慧物流管理为核心，将物流过程中运输、存储、包装、装卸等诸多环节集合成一体化系统，以最低的成本向客户提供最满意的物流服务。

3. 柔性化

柔性化是为实现"以顾客为中心"的理念而在生产领域提出的，即真正地根据消费者需求的变化来灵活调节生产工艺。物流的发展也是如此，必须按照客户的需要提供高度可靠的、特殊的、额外的服务，满足"以顾客为中心"服务内容不断增多的需求。

4. 社会化

随着物流设施的国际化、物流技术的全球化和物流服务的全面化，物流活动并不仅局限于一个企业、一个地区或一个国家。为实现货物在国际间的流动和交换，以促进区域经济的发展和世界资源优化配置，一个社会化的智慧物流体系正在逐渐形成。

第二节　电子商务与智慧物流

作为网络时代的一种全新的交易模式，电子商务是交易方式的一场革命，只有大力发展作为电子商务重要组成部分的现代物流，电子商务才能得到更好的发展。

一、电子商务与智慧物流的关系

如果电子商务能够成为21世纪的商务工具，它将像杠杆一样撬起传统产业和新兴产业，在这个过程中，现代的物流产业将成为这个杠杆的支点。人们花了大约一个世纪的时间探索和挖掘提升物流经营与运作的效率，目前已经积累了不少经验。由于电子商务的发展还处于快速发展阶段，人们对电子商务中的物流的认识还在并不断更新和完善的过程中。但可以明确的是，物流对电子商务的作用很重要。电子商务下的物流配送，是信息化、现代化、社会化的物流配送。它是指物流配送工业采用网络化的计算机技术和现代化的硬件设备、软件系统及先进的管理手段，针对社会需求，严格地、守信用地按用户的订货要求，进行一系列分类、编配、整理、分工等理货工作，定时、定点、定量地交给各类用户，满足其对商品的需求。可以看出，这种新兴的物流配送是以一种全新的面貌，成为流通领域革新的先锋。新型物流配送能使商品流通较传统的物流配送方式更容易实现信息化、自动化、现代化、社会化、智能化、合理化、简单化，使货畅其流，物尽其用，既减少了生产企业库存，加速资金周转，提高物流效率，降低物流成本，又刺激了社会需求，提高了整个社会的经济效益，促进了市与经济的健康发展。

（一）物流是电子商务发展的先决条件

电子商务的核心是以网络信息流的畅通，带动物流和资金流的高度统一协调发展。物流环节是电子商务中实现商务目的的最终保障，缺少了与电子商务模式相适应的现代物流技术和体系，电子商务将难以获得持续稳定的发展。

1. 物流是实现电子商务的根本保证

电子商务由电子商务实体、电子市场、交易事务和信息流、商流、资金流、物流等基本要素构成。物流作为最特殊的一种，是指物质实体（主要是商品）的流动过程，具体指运输、储存、配送、装卸、保管和物流信息管理等各种活动。物流虽然只是电子商务若干环节中的一部分，但往往是商品和服务价值的最终体现。如果没有处理好，前面环节的价值就会大大降低。在电子商务下，信息流、商流、资金流均可通过计算机和网络通信设备实现。对物流而言，只有诸如电子出版物、信息咨询等少数商品和服务才可以直接通过网络传输进行，多数商品和服务仍要经由物流的方式传输。

2. 物流能够提高电子商务的效率与效益

通过快捷、高效的信息处理手段，电子商务能较容易地解决信息流、商流和资金流的问题。只有将商品及时送到用户手中，即完成商品的空间转移，才能构成完整的商务活动过程。因此，物流系统的效率高低是电子商务成功与否的关键，只有高效率的物流系统，才有高效率的电子商务，电子商务才能快速发展。

3. 物流是跨境电子商务开展的前提

随着跨境电子商务的强劲增长，电子商务的发展将更偏重跨区域物流活动的开展，只有建立完善的物流系统，才能解决电子商务中跨国物流、跨区物流可能出现的问题，扩大电子商务的市场范围。

（二）电子商务是智慧物流发展的推动力量

1. 电子商务促进物流企业的规模化和服务功能的集成化

在传统经济生活中，物流企业间的竞争往往是依靠本企业提供优质服务降低物流费用等方面来进行的。在电子商务时代，企业的市场竞争的优势将不再是企业拥有的物质资源有多少，而在于它能调动、协调并最终整合多少社会资源来增强自己的市场竞争力。电子商务为物流企业实施规模化经营搭建了理想的业务平台，便于物流企业建立自己的营销网、信息网、配送网。当然网络化经营的运作方式不一定全部要由物流企业自己来完成，第三方物流企业更多的应是集成商，通过对现有资源的整合来完善自己的网络，实现物流功能的集成化。电子商务更关注的是物流的一体化程度，即功能整合与集成的程度。区别于传统的把物流分为包装、运输、仓储、装卸等若干独立的环节，并分别由不同的企业担当完成，电子商务要求物流提供给电子商务企业全方位的链式服务，它既包括仓储、运输服务，也包括配货、分发和各种客户需要的配套服务。物流企业通过对各个物流环节的统筹协调与合理规划，提升物流价值，更好地满足电子商务发展需求。

2. 电子商务加快物流增值服务的演变与发展

电子商务环境下物流系统面临的基本技术经济问题，是如何在供应链成员企业之间有效地分配信息资源，使得全系统的客户服务水平最高，即在追求物流总成本最低的同时为客户提供个性化的增值服务。电子商务公司对物流需求不再是简单的仓储与配送，而是最终成为电子商务公司的客户服务商，协助电子商务公司完成售后服务，提供更多增值服务内容。这些增值服务包括市场调查与预测、采购及订单处理、配送、物流咨询、流方案的选择与规划、库存控制决策建议、货款回收与结算、物流系统设计与规划方案的制作等。这些服务已经成为衡量一个物流企业是否具备竞争力的标准。另外，从发展趋势看，增值性的物流服务还包括向企业提供产品研发与设计、全球资源与采购、融资、订单跟进、库存管理、生产与品质控制及全球分销等服务。

3. 电子商务推动物流管理信息化发展

电子商务要求物流信息的高效流转。在电子商务环境下，物流系统的信息是整个供应链运营的基础环境。信息技术与互联网的应用对物流配送的实施控制代替了传统的物流配送管理程序，可以实现对整个过程的实时监控和实时决策，使整个物流配送管理过程变得简单和容易。在信息化的物流管理系统中，当系统的任何一个神经末端收到一个需求信息的时候，该系统都可以在极短的时间内做出反应，并拟订详细的配送计划，通知各环节开始工作。信息交流的时间会变得越来越短，任何一个有关配送的信息和资源都会通过网络管理在几秒钟内传到有关环节，使得物流配送的持续时间大大缩短，从而有效地提升物流效率。电子商务促进物流技术的进步。物流技术是指与物流要素活动有关的、实现物流目标的所有专业技术总称。建立一个适应电子商务运作的高效率的物流系统，对加快提高物流技术水平具有重要的意义。现代物流技术既包括各种操作方法、管理技能，也包括物流规划、物流评价、物流设计和物流策略等。随着电子商务的快速发展，地理信息系统、全球卫星定位、电子数据交换、条形码等新技术正逐渐在物流领域得到广泛的应用，将大大提高物流行业的技术水平。

二、电子商务环境下的智慧物流流程与特点

（一）电子商务物流的业务流程

电子商务的优势之一就是能优化业务流程，降低企业运作成本，而电子商务下企业成本优势的建立和保持必须以可靠的和高效的物流运作为保证，这也是现代企业在竞争中取胜的关键。

1. 普通商务物流流程

在普通商务物流流程中，物流作业流程与商流、信息流和资金流的作业流程综合在一起，更多地围绕企业的价值链，从实现价值增值的目的安排每一个配送细节，如图 4-1 所示。

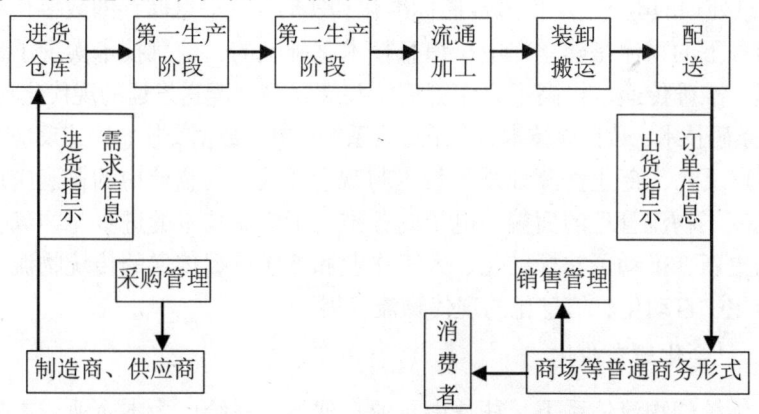

图 4-1　普通商务物流流程

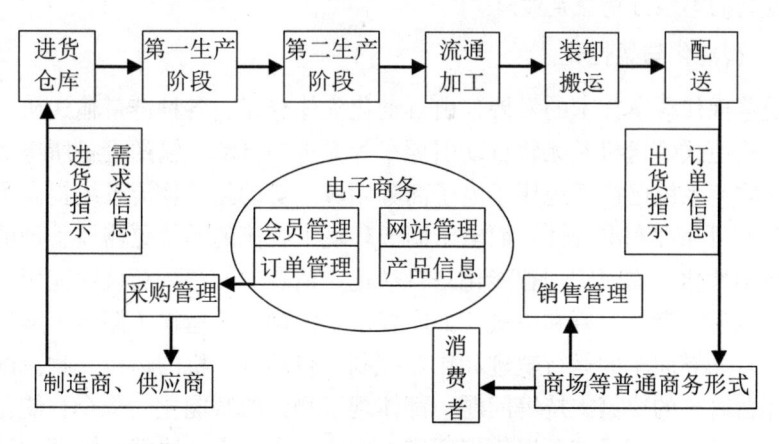

2. 电子商务物流流程

电子商务的发展及其对配送服务体系的要求，极大地推动了物流的发展。电子商务物流流程和企业内部的微观物流流程都具有从进货到配送的物流体系。然而，在电子商务环境下，借助电子商务信息平台（包括会员管理、订单管理、产品信息和网站管理），有利于企业提高采购效率，合理地规划配送路线，实现电子商务物流流程和配送体系的优化，如图 4-2 所示。

图 4-2　电子商务物流流程

（二）电子商务环境下物流的特点

1. 信息化与现代化

物流信息化表现为物流信息的商品化、物流信息收集的数据化和代码化、信息处理的电子化、信息传递标准化和实时化、信息储存的数字化等。电子商务下的物流是建立在电子信息技术基础上的，信息技术实现了数据的快速、准确传递，提高了仓库管理、装卸运输、配送发运的现代化水平。例如，条码技术、数据库技术、电子订货系统、电子数据交换、快速反应及有效的客户反映、企业资源计划等技术与观念在我国的物流中的普遍应用，彻底改变了物流管理的面貌。电子商务推动了物流技术的进步与物流管理理念的更新，推动了非标准化、人工作业和纸质单据传递的传统物流不断向标准化、自动化、信息化的现代物流发展。

2. 社会化与专业化

在传统的物流体系下，往往由企业自建物流系统，为本企业或本系统提供物流服务，虽然有些物流配送中心也有为社会服务的，但具有很大的局限性，导致了整个社会物流为高成本和低效率结果。电子商务对物流的高效率、专业性提出了更高要求，企业自建物流难以满足发展需求，企业逐渐将非核心的物流业务外包，物流社会化的趋势越来越明显。在这种情况下，物流外包不断发展，并促进了第三方物流、第四方物流企业的快运成长。这些物流企业集成各种电子商务经营者的外包物流，进行规模化、集约化的运作，不断整合、扩大相关业务，形成了一批综合实力强、专业化程度高的第三方物流企业。

3. 智能化与柔性化

随着现代科学技术的发展，由自动化立体仓库、各种链带输送机、机械手、轨道式输送机及无轨自动引导车等先进的自动化输送设备所组成的自动化物流系统已广泛地用于电子商务领域。自动化的物流系统提高了物流作业的可靠性和准确性，而电子商务环境下物流的系统更需要管理的智能化与柔性化。物流管理智能化是自动化、信息化的一种高层次应用，物流作业过程大量的运筹和决策，如库存水平的确定、运输（搬运）路径的选择、自动导向车的运行轨迹和作业控制、自动分拣机的运行、物流配送中心经营管理的决策支持等问题，都体现了物流的智能化。一个智能化的电子商务物流管理系统可以模拟现实，发出指令、实施决策，根据物流过程的特点采用对应的管理手段。物流的柔性化是本着"以顾客为中心"理念而提出的,柔性化的物流是适应生产、流通与消费的需求而发展起来的一种新型物流模型,其实质是将生产、流通进行集成,根据需求端的需求组织生产、安排物流活动。电子商务"多品种、小批量、多批次"的特点,要求物流企业根据消费者的需求变化灵活地组织和实施物流作业。

4. 网络化与全球化

物流的网络化是物流信息化的必然,当今世界互联网等全球网络资源的可用性与网络技术的普及为物流的网络化提供了良好的外部环境。电子商务下物流网络化主要有两层含义:一是物流配送系统的计算机通信网络,包括仓储配送中心与供应商或制造商,以及与下游顾客之间的沟通网络。互联网的应用使物流信息能够以低廉的成本及时传递,从而缩短物流周期,增加透明度,是优化供应链中各网络节点和各种物流路径的重要手段。以网络的形式将电子商务环境下的物流企业内部、物流企业与生产企业、商业企业、消费者等连在一起,实现了社会性的各部门、各企业之间低成本的数据高速共享。二是组织的网络化。一方面为了保证对电子商务提供快速、全方位的物流支持,新型物流配送要有完善、健全的物流配送网络体系,网络上点与点之间的物流配送活动保持系统性、一致性,这样可以保证整个物流配送网络有最优的库存总水平及库存分布,运输与配送快捷、机动。分散的物流配送单体只有形成网络才能满足现代生产与流通的需要。另一方面,跨境电子商务的快速发展,既加速了全球经济的一体化,也推动了物流的全球化。电子商务环境下,跨境贸易呈现了小批量、多批次、快速发货的特点,而货物是否按时、安全到达是跨境电子商务发展的重要因素。这就要求物流企业建立跨国、跨区域网络布局,为客户提供进出口商品代理报告、跨境仓储、包装、配送、必要的流通加工等一体化服务,以满足跨境电子商务的需求。

三、电子商务环境下智慧物流的发展现状与趋势

电子商务时代,由于企业销售范围的扩大,企业和商业销售方式及最终消费者购买方式的转变,使得送货上门等业务成为一项极为重要的服务业务,加速了物流行业的兴起。电子商务和物流之间相互影响、相互促进、相互制约。电子商务环境下物流业的发展面临新的机遇与挑战,呈现出新的发展趋势。

（一）发展现状

电子商务的发展，扩大了企业的销售渠道，改变了企业传统的销售方式及消费者的购物方式，使得送货上门等物流服务成为必然，促进了我国物流行业的发展。21世纪以来，我国物流业总体规模快速增长，服务水平显著提高，发展的环境和条件不断改善，为进一步加快发展奠定了坚实的基础。目前，我国的物流水平仍难以满足电子商务的要求。相对发达国家的物流产业而言，中国的物流产业尚处于发展阶段，缺少物流高端与增值性服务。物流金融、物流保险、物流仲裁、物流咨询、物流设计、物流规划等相对滞后，政府管理缺少经验，促进物流业发展的政策环境还不完善。同时，我国物流业发展不平衡，东南沿海地区发展快一些，物流企业多一些，处于快速发展期，而西北地区发展非常落后，物流企业相当少；工业物流发展得好一些，农产品物流则处于落后的状态。

（二）制约因素

从总体上看，我国的电子商务处于发展阶段，其功能主要局限于信息的交流，电子商务与物流之间的相互依赖、相互促进的关系还没有得到企业的普遍认可。因此，人们在重视电子商务的同时，却对面向电子商务的物流配送系统重视不足，从而出现物流配送系统建设落后、与电子商务结合不够紧密等问题。这在很大程度上限制了电子商务高效、快速、便捷优势的发挥。具体说来，主要包括如下四个方面。

1. 与电子商务相协调的物流配送基础落后

虽然基于电子商务的物流配送模式受到了越来越多的关注，但由于观念、制度和技术水平的制约，我国电子商务物流配送的发展仍然比较缓慢，与社会需求差距仍然较大。目前，高速公路网络的建设与完善、物流配送中心的规划与管理、现代化物流配送工具与技术的使用、与电子商务物流配送相适应的管理模式和经营方式的优化等都无法适应我国电子商务物流配送的要求。基础设施和管理手段的落后、必要的公共信息交流平台为缺乏，都制约着我国电子商务物流配送的发展。

2. 支持电子商务物流配送的政策法规不完善

目前，我国物流管理体制还处于区域、部门分割管理的状态下，区域之间缺乏协调无一的发展规划和协调有序的协同运作，归口管理不一致，都制约了电子商务物流配送工效率。由于缺乏一体化的物流系统，电子商务很难发挥其应有的突破空间、快捷交易功能。此外，与电子商务物流配送相适应的财税制度、社会安全保障制度、市场准入与退出制度、纠纷解决程序等还不够完善，这些制度和法规的欠缺阻碍了电子商务物流配送的发展。

3. 物流配送的电子化、集成化管理程度不高

电子商务物流配送之所以受到越来越多企业的青睐，是因为电子商务迎合了现代顾客多样化的需求，网络上的大量定制化越来越多地出现，电子商务企业只有通过电子化、集成化物流管理将供应链上各个环节整合起来，才能对顾客的个性化需求作出快速反应。从我国的实际来看，企业的集成化供应链管理还处于较初级阶段，表现在运输网络的合理化有待提升、物流信息的速效性不高等方面。没有先进的技术设备做基础，电子商务物流配送企业的集成化管理就难以实现；集成化管理程度不高，电子商务物流配送企业的效率就会大打折扣。

4. 熟悉电子商务的物流配送人才匮乏

电子商务物流配送在我国的发展时间较短，大多数从传统物流企业转型而来的企业在人才的储备和培育方面显然还不能适应电子商务时代的要求，有关电子商务方面的知识和操作经验不足，这直接影响到了企业的生存和发展。我国学校在物流和配送方面的教育还欠缺，尤其在电子商务物流配送方面的教育。由于实践中运行成功案例的缺乏，熟悉电子商务的物流配送人才匮乏，既制约了电子商务物流配送模式的推广，也影响了电子商务物流配送的成功运营。

（三）发展趋势

1. 智慧物流与信息流、资金流、商流进一步融合

电子商务的整个运作过程是信息流、商流、资金流和物流的流动过程，其优势体现在信息资源的充分共享和运作方式的高效上。通过互联网进行商品交易，毕竟是"虚拟"的经济过程，最终的资源配置还需要通过商品实体的转移来实现，否则就无法真正实现信息流、商流和资金流的畅通。只有通过物流配送，将商品或服务真正转移到消费者手中，商务活动才能结束，物流实际上是以商流的后续者和服务者的姿态出现的，而物流配送效率也就成为客户评价电子商务满意程度的重要指标。

在社会经济运行过程中，一般而言，商流、物流、信息流是三流分立的。在现代社会，不同产品形成了不同的流通方式与营销途径，如生产资料不仅有直达供货与经销制，而且有配送制、连锁经营、代理制等，这就要求物流随之而变化。

根据资料，许多国家的物流中心、配送中心不但已经实现了三流的统一，而且这种一体化趋势已逐渐为物流界人士所认可。

2. 社会化分工与专业化程度进一步提升

流通领域的专业分工是随着生产领域追求核心生产力而出现的。物流业务外包及"第三个利润源"促成的物流服务提供者是物流社会化趋势的主要动力。物流社会化使独立的物流企业获得了广泛的生存空间。连锁配送、电子商务配送、第三方物流、第四方物流及供应链管理是物流社会化的重要标志。物流社会化是社会分工进一步发展的结果，也就是说，物流社会化是建立在物流专业化发展的基础上的，是一个不断深入的市场化发展过程。物流领域按专业分工可以划分为四大专业领域，即物流装备提供、物流设施提供、物流作业提供和物流服务提供。

与此相对应，物流社会化也就有了不同的拓展层面，如物流装备及设施的社会化，物流基础平台的社会化，物流信息平台的社会化及专业化物流服务的社会化等。随着市场经济的发展，专业化分工越来越细，一个生产企业生产某种产品，除一些主要部件自己生产外，大多外购。

生产企业与零售商所需的原材料、中间产品、最终产品大部分由专门的物流中心提供，以实现少库存或零库存。这种物流中心不仅可以进行集约化物流，在一定半径之内实现合理化物流，从而大量节约物流费用，而且可以节约大量的社会流动资金，实现资金流动的合理化，既提高经济效益，又提高社会效益。显然，完善和发展物流中心是流通社会化的必然趋势。

3. 新技术不断应用，创新发展

据了解，鹿特丹港已能提供集装箱电子扫描等海关服务。中国香港的中转物流占整港业务的 83%，并正在致力于建设虚拟供应链控制中心。新加坡港拥有的网络系统已经能实现与政府部门、航运公司、货运代理和船东之间的无纸化沟通。智慧物流的发展将进一步融合云计算、物联网和三网融合等新一代技术，逐渐实现物流过程中运输、存储、包装、装卸等环节的一体化和智能物流系统的层次化。实现智慧物流在很大程度上要归功于物联网技术的发展。

目前，很多先进的现代物流系统已经具备了信息化、数字化、网络化、集成化、智能化、柔性化、敏捷化、可视化、自动化等先进技术特征。另外，很多物流系统和网络也采用了领先的红外、激光、无线、编码、认址、自动识别、定位、无接触供电、光纤、数据库、传感器、射频识别技术、卫星定位等高新技术，这种集光、机、电、信息等技术于一体的新技术在物流系统的集成应用就是物联区技术在物流业应用的体现。

4. 模式不断创新，与产业融合发展

通过电子商务最新现代技术实现物流管理信息化。物流信息化表现为物流信息收集的数据库化和代码化；物流信息处理的电子化和计算机化。因此要用电子商务推广物流管理的四大新技术：条码技术（通过扫描对信息实现自动控制技术）、EDI技术（电子数据的交换和自动处理）、GIS技术（通过地理信息系统实现物流配送的最佳模型）、GPS技术（通过全球卫星定位系统实现物流配置国际化）。

上述四大技术的结合，将在物流供应链上建立一个高新的供应链集成系统。物流信息能在开放供应链中实现物流的及时、准确的配置。同时需要建立电子商务在企业内部和企业外部物流管理的新模式。

（1）电子商务在企业内部实现"业务流程再造"。所谓"业务流程再造"是指通过企业对现有流程的重新分析、改进和设计组织流程，以使这些流程的增值内容最大化，其他非增值内容最小化，从而有效地改善组织的绩效，以相对更低的成本实现或增加产品对顾客的价值。

流程是一系列跨越时间、占有空间的连续有规律的活动，各个基本活动应紧密衔接，保证物流和信息流的顺畅通过，每项活动的衔接都应强调对价值的增值作用。流程可分为核心作业流程和支持作业流程。①核心作业流程包括企业的各项设计和生产的作业活动，以确保企业作业流程以最小成本及时、准确运行的管理活动，以及提供必要的信息技术以确保作业活动和管理活动的完成。②支持作业流程主要包括设施、人员培训、后勤资金等，以支持和保证核心流程的正常运作。要实现整体业务流程最优，而不是个别最优。"再造"的观点即打破旧有模式，建立新的管理程序，实现管理理论的重大突破。经过综合评价筛选出最基本的、关键的功能，并将其优化组合，形成企业新的运行系统。

实施"业务流程再造"模式将使企业发生根本性的变革,增强企业活力,使企业将生产成本降低,产品质量和服务质量提高,使企业更贴近市场,这种物流管理模式将给企业带来巨大的经济效益。

（2）电子商务在企业外部建立起最佳"企业物流管理代理模式"。所谓"企业物流代理管理模式"是指物流管理社会化的物流一体化管理模式。电子商务的发展为实现物流管理专业化、社会化管理创造了条件。提高物流管理的宏观社会效益是保证企业微观"业务流程再造"模式正常运作的重要外部条件。不同企业之间的物流运作可以由供方和需方以外的第三方代理完成,实现了物流管理的高级化和社会化管理的目标。

这将是信息化时代的一种新兴产业。这种以企业物流管理为基础的现代化物流管理体制模式是物流管理高级化发展的标志,将促使企业实现以"物流战略"为纽带的"企业联盟"的形成,使物流从企业专业化管理中获得宏观规模经济效益。因而电子商务物流管理也代表着一国的物流管理水平、整体规划水平和现代管理能力水平。

5. 资源不断整合,与电子商务协同发展

所谓物流资源整合就是指为适应不断变化的市场环境的需要,在科学合理的制度安排下,借助现代科技特别是计算机网络技术的力量,以培养企业核心竞争力为主要目标,将企业有限的物流资源与社会分散的物流资源进行无缝化链接的一种动态管理运作体系。由于社会生产力的高度发展,社会分工越来越细,事物之间的联系也越来越密切。综合化、整体化的特点日益突出。物流本身是一个包含整体观念的概念。

物流是物质从生产者到消费者这一过程的"结构",物流是这些相关活动的集成。包装、保管、运输、仓储等都只是该"结构"的构成要素。因此,整合物流资源是物流的内涵所决定的。整合、优化是物流管理永远的主题。物流资源整合是将包装、保管、运输、仓储等原本相互联系却被分割开来进行管理的各种物流活动,重新整合为一个整体。

在战略思维的层面上,资源整合就是要通过组织和协调,把企业内部彼此分离的职能,把企业外部既参与共同的使命又拥有独立经济利益的合作伙伴整合成一个为客户服务的系统,取 1+1>2 的效果。

在战术选择的层面上,资源整合就是根据企业的发展战略和市场需求对有关的资源进行重新配置,以凸显企业的核心竞争力,并寻求资源配置与客户需求的最佳结合点,目的是要通过组织制度安排和管理运作协调来

增强企业的竞争优势，提高客户服务水平。

四、电子商务环境下的智慧物流管理

（一）电子商务物流管理概述

电子商务物流是物流与电子商务相结合的产物，电子商务与物流既相互制约又相互促进。从不同方面来进行考察，电子商务物流的管理与组织也与传统的物流活动存在着差异，具有自身的含义、特点、内容及职能。

1. 电子商务物流管理的含义及特点

所谓电子商务物流管理，是指在社会再生产过程中，根据物质资料实体流动的规律，应用管理的基本原理和科学方法，对电子商务物流活动进行计划、组织、指挥、协调、控制和决策，使各项物流活动实现最佳协调与配合，以降低物流成本，提高物流效率和经济效益。

简言之，电子商务物流管理就是对电子商务物流活动所进行的计划、组织、指挥、协调、控制和决策等。电子商务物流管理具有以下特点。

（1）目的性，主要是降低物流成本、提高物流效率、有效地提高客户服务水平。

（2）综合性，从其覆盖的领域上看，它涉及商务、物流、信息、技术等领域的管理；从管理的范围看，它不仅涉及企业，而且涉及供应链的各个环节；从管理的方式方法看，它兼容传统的管理方法和通过网络进行的过程管理、虚拟管理等。

（3）创新性，电子商务物流体现了新经济的特征，它以物流信息为管理的出发点和立足点。电子商务活动本身就是信息高度发达的产物，对信息活动的管理既是一项全新的内容，也是对传统管理的挑战和更新。我国对互联网的相关管理手段、制度、方法均处于探索阶段，如何对物流活动进行在线管理，还需要理论界与产业界的共同努力。

（4）智能性，在电子商务物流管理中，将更多地采用先进的科学技术与管理方法，实现对物流的智能决策、控制与协调等。

2. 电子商务物流管理的内容

电子商务物流管理主要包括对物流过程的管理、对物流要素的管理以及对物流中具体职能的管理，见表4-1、表4-2和表4-3所示。

表 4-1　对物流过程的管理

对物流过程的管理	
运输管理	运输方式及服务方式的选择；运输路线的选择；车辆调度与组织
储存管理	原料、半成品和成品的储存策略；储存统计、库存控制、养护
装卸搬运管理	装卸搬运系统的设计、设备规划与配置和作业组织等
包装管理	包装容器和包装材料的选择与设计；包装技术和方法的改进；包装系列化、标准化、自动化等
流通加工管理	加工场所的选定；加工机械的配置；加工技术与方法的研究和改进；加工作业流程的制订与优化
配送管理	配送中心选址及优化布局；配送机械的合理配置与调度；配送作业流程的制定与优化
物流信息管理	对反映物流活动内容的信息、物流要求的信息、物流作用的信息和物流特点的信息所进行的搜集、加工、处理、存储和传输等
客户服务管理	对物流活动相关服务的组织和监督，如调查和分析顾客对物流活动的反映，决定顾客所需要的服务水平、服务项目等

表 4-2　对物流要素的管理

对物流要素的管理	
人的管理	物流从业人员的选拔和录用，物流专业人才的培训与提高，物流教育和物流人才培养规划与措施的制订
物的管理	"物"是指物流活动的客体，即物质资料实体，涉及物流活动诸要素，即物的运输、储存、包装、流通加工等
财的管理	主要指物流管理中有关降低物流成本、提高经济效益等方面的内容，包括物流成本的计算与控制、物流经济效益指标体系的建立、资金的筹措与运用、提高经济效益的方法
设备管理	对物流设备进行管理，包括对各种物流设备的选型与优化配置，对各种设备的合理使用和更新改造，对各种设备的研制、开发与引进等
方法管理	包括各种物流技术的研究、推广普及，物流科学研究工作的组织与开展，新技术的推广普及，现代管理方法的应用
信息管理	掌握充分的、准确的、及时的物流信息，把物流信息传递到适当的部门和人员手中，从而根据物流信息，做出物流决策

表 4-3　对物流中具体职能的管理

对物流中具体职能的管理	
物流战略管理	物流战略管理是为了达到某个目标，物流企业或职能部门在特定的时期和特定的市场范围内，根据企业的组织结构，利用某种方式，向某个方向发展的全过程管理。物流战略管理具有全局性、整体性、战略性、系统性的特点
物流业务管理	主要包括物流运输、仓储保管、装卸搬运、包装、协同配送、流通加工及物流信息传递等基本过程
物流企业管理	主要有合同管理、设备管理、风险管理、人力资源管理和质量管理等

第四章 电子商务环境下的智慧物流

续表

对物流中具体职能的管理	
物流经济管理	主要涉及物流成本费用管理、物流投资融资管理、物流财务分析及物流经济活动分析
物流信息管理	主要有物流管理信息系统（Management Information System，简称 MIS），物流 MIS 与电子商务系统的关系及物流 MIS 的开发与推广
物流管理现代化	主要是物流管理思想和管理理论的更新、先进物流技术的发明和采用

（3）电子商务物流管理的职能。电子商务物流管理和其他管理活动一样，其职能包括组织、计划、协调、控制、激励和决策。见表4-4所示。

表4-4 电子商务物流管理的职能

电子商务物流管理的职能	
组织职能	确定物流系统的机构设置、劳动分工、定额定员；配合有关部门进行物流的空间组织和时间组织的设计；对电子商务中的各项职能进行合理分工，各个环节的职能进行专业化协调
计划职能	编制和执行年度物流的供给和需求计划，月度供应作业计划，物流各环节的具体作业计划，（如运输、仓储等），物流营运相关的经济财务计划等
协调职能	这对电子商务物流尤其重要，除物流业务运作本身的协调功能外，还需要物流与商流、资金流、信息流相互之间的协调，这样才能保证电子商务用户的服务要求
控制职能	物流过程是物资从原材料供应者到最后的消费者的一体化过程，控制就是物流供应管理的基本保证，它涉及物流管理部门直接指挥的下属机构和直接控制的物流对象，如产成品、在制品、待售和售后产品、待运和在运货物等。由于电子商务涉及面广，其物流活动参与人员众多、波动大，所以，物流管理的标准化，标准的执行与督查，偏差的发现与矫正等控制职能相应具有广泛性、随机性
激励职能	物流系统内职员的挑选与培训、绩效的考核与评估、工作报酬与福利、激励与约束机制的设计等
决策职能	物流管理的决策更多与物流技术挂钩，如库存合理定额的决策、采购量和采购时间决策等

（二）电子商务环境下的物流管理模式

电子商务物流管理模式主要指以市场为导向、以满足顾客要求为宗旨、获取系统总效益最优化的适应现代社会经济发展的模式。随着市场竞争加剧，企业需要以更低的交付成本，更好的物流服务来赢得竞争优势，因而，物流管理模式的选择在企业总体规划中越来越重要。下面介绍几种电子商务环境下的物流管理模式。

1. 企业自营物流

企业自营物流出现于电子商务刚刚萌芽的时期，此时的电子商务企业规模不大，所以从事电子商务的企业多选用自营物流的方式。企业自营物流模式意味着电子商务企业自行组建物流配送系统、经营管理企业的整个物流运作过程。在这种方式下，企业虽然会向仓储企业购买仓储服务，向运输企业购买运输服务，但是这些服务都只限于一次或一系列分散的物流功能，并且是临时性的纯市场交易的服务，物流公司并不按照企业独特的业务流程提供独特的服务。当企业有很高的顾客服务需求标准、物流成本占总成本的比重较大、而企业自身的物流管理能力较强时，企业一般不应采用外购物流，而应采用自营方式。由于中国物流公司大多是由传统的储运公司转变而来的，还不能满足电子商务环境下的物流需求，因此，很多企业借助自身开展电子商务的经验拓展物流业务，即电子商务企业自身经营物流。目前，中国采取自营模式的电子商务企业主要有两类：一类是资金实力雄厚且业务规模较大的电子商务公司，另一类是传统的大型制造企业或批发企业经营的电子商务网站。选用自营物流，可以使企业对物流环节有较强的控制能力，易于与其他环节密切配合，全力专门地服务该企业的运营管理，使企业的供应链更好地保持协调、简洁与稳定。同时，自营物流虽然能够保证供货的准确和及时，保证顾客服务的质量，维护了企业和顾客间的长期关系，但自营物流所需的投入非常大，建成后对规模的要求很高，只有达到一定规模才能降低成本，否则就不但会长期处于不营利的境地，而且投资成本较大、时间较长，对企业柔性有不利影响。另外，自建庞大的物流体系，需要占用大量的流动资金。更重要的是，自营物流需要较强的物流管理能力，建成之后需要工作人员具有专业化的物流管理能力。

2. 第三方物流

第三方物流是由相对"第一方"发货人和"第二方"收货人而言的，第三方专业企业来承担企业物流活动的一种物流形态。第三方物流公司通过与第一方或第二方的合作来提供其专业化的物流服务，它不拥有商品，不参与商品买卖，而是为顾客提供以合同约束、以结盟为基础的、系列化、个性化、信息化的物流代理服务。服务内容包括设计物流系统、EDI能力、报表管理、货物集运、选择承运人、货代人、海关代理、信息管理、仓储、咨询、运费支付和谈判等。第三方物流企业一般都是具有一定规模的物流设施设备（库房、站台、车辆等）及专业经验、技能的批发、储运或其他物流业务经营企业。第三方物流是物流专业化的重要形式，是一个新兴的领域，企业采用第三方物流模式对提高企业经营效率具有重要作用。首先，企业将自己的非核心业务外包给从事该业务的专业公司去做；其次，第三方物流企业作为专门从事物流工作的企业，有丰富的专门从事物流运作的专家，有利于确保企业的专业化生产，降低费用，提高企业的物流水平。

目前，第三方物流的发展十分迅速，有以下几个方面是值得我们关注的：第一，物流业务的范围不断扩大。商业机构和各大公司面对日趋激烈的竞争，一方面，其不得不将主要精力放在核心业务，将运输、仓储等相关业务环节交由更专业的物流企业进行操作，以求节约和高效；另一方面，物流企业为提高服务质量，也在不断拓宽业务范围，提供配套服务。第二，很多成功的物流企业根据第一方、第二方的谈判条款，如分析、比较自理的操作成本和代理费用，灵活运用自理和代理两种方式，提供客户定制的物流服务。

3. 物流联盟

物流联盟是制造业、销售企业、物流企业基于正式的相互协议而建立的一种物流合作关系，参加联盟的企业在汇集、交换或统一物流资源以谋取共同利益的同时，合作企业仍保持各自的独立性。物流联盟为了达到比单独从事物流活动取得更好的效果，在企业间形成了相互信任、共担风险、共享收益的物流伙伴关系。企业间既不完全采取导致自身利益最大化的行为，也不完全采取导致共同利益最大化的行为，只是在物流方面通过契约形成优势互补、要素双向或多向流动的中间组织。联盟是动态的，只要合同结束，双方就会变成追求自身利益最大化的单独个体。

选择物流联盟伙伴时，要注意物流服务提供商的种类及其经营策略。一般可以根据物流企业服务的范围大小和物流功能的整合程度，确定物流企业的类型。物流服务的范围主要是指业务服务区域的广度、运送方式的多样性、保管和流通加工等附加服务的广度。物流功能的整合程度是指企业自身所拥有的提供物流服务所必要的物流功能的多少，必要的物流功能是指包括基本的运输功能在内的经营管理、集配、配送、流通加工、信息、企划、战术、战略等各种功能。一般来说，组成物流联盟的企业之间具有很强的依赖性，物流联盟的各个组成企业明确自身在整个物流联盟中的优势及担当的角色,内部的对抗和冲突减少,分工明晰,使供应商把注意力集中在提供客户指定的服务上,最终提高企业的竞争能力和竞争效率,满足企业跨地区、全方位物流服务的要求。

4. 虚拟物流

虚拟物流(Virtual Logistics)是指以计算机网络技术进行物流运作与管理,实现企业间物流资源共享和优化配置的物流方式,即多个具有互补资源和技术的成员企业,为了实现资源共享、风险共担、优势互补等特点的战略目标,在保持自身独立性的条件下,建立的较为稳定的合作伙伴关系。虚拟物流利用日益完善的通信网络技术及手段,将分布于全球的企业仓库虚拟整合为一个大型物流支持系统,以完成快速、精确、稳定的物资保障任务,满足物流市场的多频度、小批量订货需求。

虚拟物流本质上是"即时制"在全球范围内的应用,是小批量、多频度物资配送过程。它能使企业在世界任何地方以最低的成本跨国生产产品,以及获得所需物资,以赢得市场竞争速度和优势。虚拟物流管理可以在较短的时间内,通过外部资源的有效整合,实现对市场机遇的快速响应。由于虚拟物流既没有改变各节点企业在市场中的独立法人属性,也没有消除其潜在的利益冲突,因此其给企业带来了一些新的风险问题。

(三)电子商务环境下的物流管理决策

1. 企业物流模式的选择

企业在进行物流决策时,应该根据自己的需要和资源条件,综合考虑如下主要因素,慎重选择物流模式。

(1)物流对企业成功的影响度和企业对物流的管理能力。如果物流对企业成功的重要度高,企业处理物流的能力相对较低,则采用外包物流;如果物流对企业成功的重要度较低,同时企业处理物流的能力也低,则外购物流服务;如果物流对企业成功重要度是高,且企业处理物流能力也高,则自营物流。

(2)企业对物流控制力的要求。越是市场竞争激烈的行业,企业越是要强化对供应和分销渠道的控制,此时企业应该自营物流。一般来说,最终产品制造商对渠道或供应链过程的控制力比较强,往往选择自营物流,即作为龙头企业来组织全过程的物流活动,制定物流服务标准。

(3)企业产品自身的物流特点。对大宗工业品原料的回运或鲜活产品的分销,则应利用相对固定的专业物流服务供应商和短渠道物流;对全球市场的分销,宜采用地区性的专业物流公司提供支援;对产品线单一的企业,则应在龙头企业统一下自营物流;对技术性较强的物流服务,如口岸物流服务,企业应采用委托代理的方式;对非标准设备的制造商来说,企业自营虽有利可图,但还是应该交给专业物流服务公司去做。

(4)企业的规模和实力。一般地,大中型企业由于实力较雄厚,通常有能力建立自己的物流系统,制订合适的物流需求计划,保证物流服务的质量。另外,企业还可以利用过剩的物流网络资源拓展外部业务(为别的企业提供物流服务)。中小企业则受人员、资金和管理的资源的限制,物流管理效率难以提高。此时,为把资源用于主要的核心业务上,企业应该将物流管理交给第三方专业物流代理公司。

(5)物流系统总成本。在选择是自营还是物流外包时,必须弄清两种模式物流系统总成本的情况。计算公式为:

物流系统总成本=总运输成本+库存维持费用+批量成本+总固定仓储费用+总变动仓储费用+订单处理和信息费用+客户服务费用

这些成本之间存在着二律背反现象:当减少仓库数量时,虽然可降低仓储费用,但会带来运输距离和次数的增加而导致运输费用增加;如果运输费用的增加部分超过了仓储费用的减少部分,总的物流成本反而增大。所以,在选择和设计物流系统时,要对物流系统的总成本加以论证,最后选择成本最小的物流系统。

(6)外包物流的客户服务能力。在选择物流模式时,考虑物流成本尽管很重要,但外包物流对为本企业及企业客户提供服务的能力还是选择物流服务至关重要的因素。也就是说,外包物流在满足企业对原材料及时需求的能力和可靠性,外包物流提供商对企业的零售商和最终客户不断变化的需求的反应能力等方面应该作为首要的因素来考虑。

(7)自拥资产和非自拥资产外包物流的选择。自拥资产的第三方是指有自己的运输工具和仓库,从事实实在在物流操作的专业物流公司。这些物流公司有较大的规模、雄厚的客户基础、先进的系统。自拥资产的第三方通常专业化程度较高,但灵活性往往受到一定的限制。非自拥资产第三方是指不拥有硬件设施或只租赁运输工具等少量资产,主要从事物流系统设计、库存管理和物流信息管理等职能,而将货物运输和仓储等具体作业活动可以由别的物流企业承担,一般是对系统运营承担责任的物流管理公司。这类公司通常运作灵活，能够修订服务内容，可以自由混合、调配供应商，管理费用较低。企业应根据自己的要求对两种模式加以选择和利用。

2. 合理配送模式的建立

企业建立合理的物流配送模式应考虑的因素主要包括消费者的地区分布、商品的品种、配送细节的设计等。

（1）消费者的地区分布。互联网是电子商务的最大信息载体。互联网的物理分布范围正在迅速扩展，在电子商务发展的初级阶段，电子商务的销售区域如果分散在互联网所及的所有地区，那样的配送成本就是不经济的。一般商务活动的有形销售网点按销售区域来配置，每一个销售点负责一个特定区域的市场。电子商务的客户可能在地理分布上十分分散，要求送货的地点不集中，而物流网络并没有像互联网那样一的覆盖范围，无法经济合算地组织送货。另外，提供电子商务服务的公司也需要像有形店铺销售一样，要对销售区域进行定位，对消费人群集中的地区提供物流承诺，否则将是不合算的。

（2）商品的品种。不同商品的消费特点及流通特点不同，尤其是物流特点。因此在电子商务发展的初期，不是所有的商品都适合采用电子商务这种形式。正如一个大型百货商店，它不可能经营所有商品，总要确定最适合于自己销售的商品，电子商务也一样。为了将某一商品的销售批量累积得更大，就需要筛选商品品种。一般而言，商品如果有明确的包装、质量、数量、价格、储存、保管、运输、验收、安装及使用标准，对储存、运输、装卸等作业无特殊要求，就适合采用电子商务的销售方式，而对销售批量不大、不易保管或散装货物等不适合采用电子商务的方式销售。

（3）配送细节。同有形市场一样，电子商务的物流方案中配送环节是完成物流过程并产生成本的重要环节，需要精心设计配送细节。一个好的配送方案应该考虑如下内容：库存的可供性、反应速度、送货频率和送货的可靠性等。同时要设计配套的投诉程序，提供技术支持和订货状况信息等。电子商务公司的成功运作，关键不在于是否能有大的配送网络，而在于能否在完成配送服务的同时，要保证配送系统高效、低成本地运作。这是一项专业性很强的工作，必须聘请专业人员对系统的配送细节进行精心设计。

第三节　电子商务智慧物流的应用

电子商务的兴起，对传统的商业和物流模式带来了颠覆性的变革。正确理解电子商务物流模式，创新与优化电子商务物流系统，对企业选择合理的竞争策略具有重要意义。

一、电子商务企业自营物流

（一）企业自营物流模式概述

企业自身经营物流，并组建全资或控股的子公司完成物流配送业务，称为企业自营物流。企业自营物流模式意味着电子商务企业自行组建物流配送系统，经营管理企业的整个物流运作过程。企业利用已有的物流资源，通过采用先进的物流管理系统和物流技术，不断优化物流运作过程，为生产经营过程提供高效优质服务的基本方式。对已开展普通商务的公司，可以建立电子销售商务系统，同时可以利用原有的物资资源承担电子商务的物流业务。物流渠道的制造商或经销商开展电子商务业务，比网络业务提供商（Internet Service Provider，ISP）、网络内容服务商（Internet Content Provider，ICP）或互联网经营者为从事电子商务而开辟销售渠道和物流系统更加方便，更加完善。一般而言，具有如下特征的企业能够适合自营物流模式：①规模大，资金雄厚，管理能力强；②送货方式单一；③企业业务比较集中，渠道覆盖面广；④物流对企业具有非常重要的战略地位。

目前，在我国，采取自营模式的电子商务企业主要有两类。一类是物流功能自备。该种表现形式在传统企业中非常普遍，企业自备仓库、自备车队等，企业拥有一个完备的自我服务体系，其中又包含两种情况：一种是企业内部各职能部门彼此独立地完成各自的物流使命；另一种是企业内部设有物流运作的综合管理部门，通过资源和功能的整合，专设企业物流部或物流公司来统一管理企业的物流运作。我国的工业企业基本上还处于第一种情况，也有不少企业开始设立物流部或物流公司，如海尔。另一类是物流功能外包。此类表现形式主要包括如下两种情况：一是将有关的物流服务委托给物流企业去做，即从市场上购买有关的物流服务，如由专门的运输公司负责原料和产品的运输。二是物流服务的基础设施虽然为企业所有，但委托有关的物流企业来运作，如请仓库管理公司来管理仓库，或请物流企业来管理现有的企业车队。

（二）企业自营物流模式优劣势分析

1. 企业自营物流模式的优势

选用自营物流，可以使企业对物流环节有较强的控制能力，易于与其他环节密切配合，专门服务本企业的运营管理，使企业的供应链更好地保持协调、简洁与稳定。此外，自营物流还能够保证供货的准确和及时，保证顾客服务的质量，维护企业和顾客间的长期关系。自营物流的优势主要表现在如下四个方面。

（1）控制力强，自营物流的企业能够对物流系统的运作全过程进行有效的控制。对企业内部的供应、生产及销售活动环节，原材料和产品特性，供应商和销售商的经营能力等，企业都具有最详尽的资料。因而，企业可以根据自身掌握的最详尽的资料来有效调节物流活动的各个环节，便于企业准时采购、调整库存、减少资金占用。

（2）服务性强，企业自营物流可以有效地为企业的生产经营活动提供物流服务支持，保证生产经营活动对物流的需要。

（3）降低成本，企业选择自营物流模式，可以在改造企业经营管理结构和机制的基础上盘活原有物流资源，带动资金流转，从而减少资金沉没成本，为企业创造利润空间。同时，由于信息的不对称性，企业在选择物流外包时，无法完全掌握全部的相关信息，从而引起成本的增加。企业选择自营物流，可以不必就相关的运输、仓储、配送和售后服务的佣金问题进行谈判，避免多次交易花费及交易结果的不确定性，从而降低交易风险、减少交易费用。

（4）避免商业秘密外泄，对任何一个企业来说，其内部运营情况都应处于相对封闭的环境中，特别是对某些特殊运营环节如原材料的构成、生产工艺等，不得不采取保密手段。因为，当企业将物流要素外包时，可能引入第三方来经营其生产环节中的内部物流，其基本运营情况就会不可避免地向第三方公开。第三方如果拥有该行业的诸多客户，其又是企业的竞争对手，从而企业物流外包就可能会通过第三方将企业经营中的商业秘密泄露给竞争对手，影响企业的竞争力。

2. 企业自营物流模式的劣势

（1）物流成本不确定性增强，难以计算。目前我国大多数企业计算物流成本时只计算付给运输承运人的运输费用或保管费用，并没有考虑到公司内部的物流成本。同时，物流活动最主要的环节为运输和仓储，这就要求企业自营物流必须具备与生产能力相符的运输力量和仓储容量。由于市场供需存在着不可预期的波动性，给企业经营带来了一系列不确定性；销售旺季，企业会由于运力不足失去商机，不仅会影响销售额，还可能造成产品积压；销售淡季，企业运力和仓储空间就会出现闲置，导致企业资金无法有效利用，在计算固定成本的情况下却没有收益。

（2）物流难以规模化，难以提高企业核心竞争力。企业自营物流，需要投入大量的资金，建立配送中心、仓库和信息网络，购买物流设备等专业物流设施并组建自己的物流配送队伍，这将会给企业带来很大的财务压力和人力资源的压力。企业自营物流模式由于受制于资金，难以规模化；同时企业必须花费大量精力在相关人力资本上，不利于企业核心竞争力的提升。

（3）物流管理机制约束，难以专业化。物流活动涉及企业生产的方方面面，由于各部门都存在独立的利益，都追求自身利益的最大化，这将会给物流活动的有效开展带来了麻烦。同时，一般企业的物流管理局限于企业的资源，难以建立先进的物流信息系统。在获取运输信息、配备专业人才、拓展运输渠道、优化物流设备方面的不完善都将会导致物流管理难以专业化。

二、虚拟物流

（一）虚拟物流的概念、要素及特点

虚拟物流是指以计算机网络技术进行物流运作与管理，实现企业间物流资源共享和优化配置的物流方式，即多个具有互补资源和技术的成员企业，为了实现资源共享、风险共担、优势互补等特点的战略目标，在保持自身独立性的条件下，建立较为稳定的合作伙伴关系。虚拟物流是利用日益完善的通信网络技术及手段，将分布于全球的企业仓库虚拟整合为一个大型物流支持系统，以完成快速、精确、稳定的物资保障任务，满足物流市场的多频度、小批量订货需求。虚拟物流本质上是"即时制"在全球范

围内的应用，是小批量、多频度物资配送过程，能使企业在世界任何地方以最低的成本跨国生产产品，以及获得所需物资，以赢得市场竞争速度和优势。虚拟物流的要素主要有如下四点。

（1）虚拟物流组织：可以使物流活动更具有市场竞争的适应力和赢利能力。

（2）虚拟物流储备：可以通过集中储备、调度储备以降低成本。

（3）虚拟物流配送：可以使供应商通过最接近需求点的产品，并运用遥控运输资源实现交货。

（4）虚拟物流服务：它可以提供一项虚拟服务降低固定成本。

虚拟物流的特征主要表现在：①信息化，电子商务时代，物流信息化是电子商务的必然要求。②自动化，自动化的基础是信息化，自动化的核心是机电一体化，自动化的外在表现是无人化，自动化的效果是省力化。另外，还可以扩大物流作业能力、提高劳动生产率、减少物流作业的差错等。③网络化，物流领域网络化的基础也是信息化，这里的网络化有物流配送系统的计算机通信网络和组织的网络化，即所谓的企业内部网两层意思。④智能化，这是物流自动化、信息化的一种高层次应用，物流作业过程大量的运筹和决策，如库存水平的确定、运输（搬运）路径的选择、自动导向车的运行轨迹和作业控制、自动分拣机的运行、物流配送中心经营管理的决策支持等问题都需要借助大量的知识才能解决。⑤柔性化，柔性化本来是为实现"以顾客为中心"理念而在生产领域提出的，但要真正做到柔性化，即真正地能根据消费者需求的变化来灵活调节生产工艺，没有配套的柔性化物流系统是不可能达到目的的。

对中小企业来说，虚拟物流的意义十分重大。中小企业在大的竞争对手面前经常处于不利的地位，其从自己的物流活动中不但无法获取规模效益，而且会增加物流成本的消耗。虚拟物流可以使这些小企业的物流活动并入一个大的物流系统中，从而实现在较大规模的物流中降低成本、提高效益。

（二）虚拟物流企业的构建

虚拟物流的实现形式从一般意义上讲就是构建虚拟物流组织。通过这种方式将物流企业、承运人、仓库运营商、产品供应商及配送商等通过计算机网络技术集成到一起，提供"一站式"的物流服务，从而改变单个企业在物流市场竞争中的弱势地位。

虚拟物流组织的实质是供应链信息集成平台,它是以获取物流领域的规模化效益为目的,以先进的信息技术为基础,以共享供应链信息为纽带而构建的物流企业动态联盟。在相当长的一段时间里,物流产业的发展趋势应集中在物流企业和供应商、服务提供商之间的联合和重组,以形成物流产业发展所必需的动态联盟,也就是要实现供应链的一体化和物流产业的一体化。物流产业将全面表现出其高技术产业和新兴产业的特点,基于Web和信息技术的虚拟物流企业整合了各相关部门的相关业务,形成一个动态企业联盟,物流企业之间通过联盟的方式建立合作伙伴关系,共同承担物流业务已成为目前绝大多数物流企业的发展战略。

1. 虚拟物流企业的构成要素分析

(1)机遇。机遇是市场对物流服务的需求。我国物流正面临经济发展对物流服务的需求,主要包括大公司和大企业物流外包观念的形成,第三方物流的发展,国内物流市场的整合,国家开发西部和东北地区的战略,国内信息技术的发展,国家经济在全球经济中的地位逐步上升等。

(2)核心能力。虚拟企业的目的就是组合参与企业的核心能力,以实现独立企业不能完成的目标。核心能力原则是选择联盟伙伴的第一原则,只有拥有所需核心能力的企业才有可能成为组成虚拟企业的伙伴。虚拟物流企业组成的核心能力包括地域能力、仓储能力、运输能力和经营网络能力等。

(3)成员选择。虚拟企业实现了企业间的动态集成,它由盟主和若干伙伴构成,以最先抓住机遇并拥有主要核心资源的企业为盟主,其他参与经营的企业为伙伴,且这些伙伴拥有虚拟企业所需要的不同核心资源。伙伴选择是建立虚拟企业的关键环节之一,它直接关系到虚拟企业最终的成败。在选择组成虚拟企业的伙伴时,除考虑伙伴自身拥有的核心资源外,还要考虑伙伴资源之间的匹配性,要求伙伴之间有良好的通信连通性和跨组织参与性。同时,伙伴企业自身的组织及过程应具备一定的再配置能力、可重用能力和可升级能力。

(4)业务流程的重构。流程重构是企业为适应虚拟企业快速响应机遇的要求对自身过程及组织的再设计,它与一般意义上的业务流程重构不同。这里的流程重构是指在敏捷经营环境下实现业务全球化、多样化的物流供应链的重新组织和资源的重新有效配置。业务流程重构能保证虚拟物流企业提供快速、准确的物流服务,提高市场竞争力,是衡量企业是否适应市场的重要标志。因此,虚拟物流企业在选择伙伴和运作机制时,必须考虑业务流程重构的灵活性。

(5)组织运行模式。虚拟企业的基础是动态的企业网络,它具有可重构、可重用和可扩充性。盟主和核心团队组成虚拟企业的宏观、高层的组织结构,其他的伙伴企业,根据需要可以多种方式参与虚拟企业,它们之间组成多个团队。虚拟企业的成员根据诸如"动态合同"等协议,并通过信息网络联系在一起。

(6)信息建设。信息共享是虚拟企业运行的关键。企业要实行统一的信息标准,建立共享的信息库,包括物流设备信息、物流作业的技术规格、仓储运输能力信息和各环节的业务进展信息等。

(7)风险评估与防范。虚拟物流风险是由于虚拟物流组织系统内部和外部环境的不确定性因素,导致合作联盟的成员企业发生损失的可能性。虚拟物流组织中的风险可以分为两大类:一类是来自虚拟物流组织外部的风险,包括市场风险、金融风险、政治风险和自然灾害风险等;另一类是来自虚拟物流组织内部的风险,包括能力风险、协作风险、投资风险和运行流程风险等。虚拟企业必须具备预测风险能力,建立风险防范机制。

2. 虚拟物流企业的构建流程模型

(1)确立企业目标。盟主企业根据企业的战略目标和市场信息,识别和寻求机遇,并最终确定虚拟企业的目标。企业目标包括服务的客户对象、服务的地域范围、能达到的服务水平和实现的利润及其他战略目标。

(2)虚拟企业成员的选择。根据企业的目标和自身功能的评价,找出自身功能的差距,然后在物流企业中寻找能帮助自己完善功能的潜在企业以实现企业的目标。

(3)备选方案的设计、评估与确定。可设计多个备选的组合方案,对所有备选方案进行必要的评估。评估的指标包括协调性(企业间是否便于协作和管理)、企业的稳定性、能达到的服务水平(对组合在一起的串并联物流系统的整体服务水平评价)和费效比等。

(4)合作关系的确立。虚拟企业可采用基于动态合同的运行模式,包括利润、风险分担机制,检查机制、激励机制和清算机制。由于虚拟企业的运营需要成本,企业之间需要各种作业协调、最终的利益分配和承担一定的责任,因此必须有一个中心企业作为盟主来管理整个联盟企业,即企业之间并不是并列的关系,而应该有主次之分。

（5）信息的不断反馈与改进。我国的物流企业种类比较复杂。从投资主体角度看，比较大的企业主要有三类，即外资企业、大型的国营或国家控股企业、民营企业。这些企业有很多差异，如企业文化的差异、管理体系的差异、信息系统和通信基础的差异等。所以在虚拟企业运行的过程中仍然可能存在很多问题，信息的不断反馈有助于及时发现问题，及时改进和完善企业的组织运行。

3. 虚拟物流企业的运营

（1）客户与企业的信息交互。虚拟企业的物流基础之一是信息技术。客户与企业之间，企业与企业之间通过互联网、电子数据交换和其他通信设施建立能即时交流的信息网络。客户与企业之间的信息包括经营范围及价格查询、以往成功的业务档案、物流服务追踪查询、合同查询等。

（2）业务管理部门的业务流程管理。业务管理部门主要负责顾客服务实施方案的制订和监督执行，并进行经验总结。其中，业务计划是最重要和难度最大的一环。1998年戴尔将直接经营的商业模式引入中国，通过直接经营，戴尔摒除了庞大的中间商和纷繁复杂的渠道，零距离地直接面对客户——即直销模式，在第一时间、以最快的速度、准确地把握客户的需求并积极地给予响应。创造了一个特有的运营模式"虚拟整合"。虚拟整合最初作为戴尔与供应商之间的一种合作模式，为戴尔带来了高效的部件管理流程。在这种模式下，戴尔与供应商均通过互联网进行业务交流，每隔2小时一次的信息更新使戴尔既能够在第一时间掌握供应商的最新信息，也使供应商能够及时了解戴尔的需求，从而实现了无缝的业务连接。

（三）虚拟物流体系面临的问题及发展对策

1. 虚拟物流体系建设面临的问题

虚拟物流管理模式虽然可以在较短的时间内，通过外部资源的有效整合，实现对市场机遇的快速响应，但由于虚拟物流既没有改变各节点企业在市场中的独立法人属性，也没有消除其潜在的利益冲突，因此虚拟物流体系建设还面临着一些问题，主要表现在如下四方面。

（1）缺乏健全的物流信息平台。虚拟物流的发展离不开物流信息化建设。近年来，随着我国城市物流行业的不断发展，城市物流的信息化水平也已经有了显著的提高。部分城市虽然已经建立诸如"物流信息网"等形式的简单的物流信息平台，但是其功能单一、信息安全和保密性差，与发展城市虚拟物流体系的要求还存在很大差距。

（2）缺乏潜在用户群的理解和接受。虚拟物流作为物流行业的发展前沿，其理论认识尚未统一，就当前对虚拟物流普遍认识来说，虚拟物流参与方往往没有自己的仓库、车队等显性资源，有的只是信息、知识、方案等隐性资源。因此部分参与方由于没有显性资源而得不到需求方的理解和接受。此外，由于全国范围内已成功实施虚拟物流的具体案例也非常少，再加上业界对物流宣传力度不够，导致在今后一段时间内虚拟物流很难让用户群完全理解和接受。

（3）物流标准化建设尚未完善。发展城市虚拟物流体系的关键就在于整合城市现有的物流资源，这就要求具备完善的物流标准化体系。当前我国城市物流行业低标准，造成了社会资源浪费与物流相关的现有产业标准体系起步较低，缺乏系统性，问题突出表现在托盘、包装、信息技术等通用技术设备与标准上面。另外，产业间的标准也难统一，制约了物流各相关产业间的统一性和协调性。

（4）现代物流虚拟管理或智慧性运筹管理的人才严重匮乏。显然物流虚拟化需要更高层次的管理人才，要求他们具有基本的运输仓储行业知识、生产服务管理知识，电子通信网络知识及运筹学、统计学等高级理论知识外，特别要具有较强的协调能力和统一指挥调度能力。目前，这样的高级人才在我国还相当匮乏，这是迈向物流虚拟化最大的也是最根本的难题。

2. 城市虚拟物流体系的发展对策

（1）构建功能完善的城市物流信息平台。城市物流信息平台是发展城市虚拟物流的基础。它是通过对区域内物流相关信息的采集，为生产、销售及物流企业等信息系统提供基础物流信息，满足企业信息系统对物流公用信息的需求，支撑企业信息系统各种功能的实现，同时，通过物流共享信息，支撑政府部门行业管理与市场规范化管理协同工作机制的建立。它将城市物流资源整合到一起，组成城市虚拟物流企业联盟，构建城市物流体系。城市物流信息平台是连接企业与企业、企业与政府的桥梁，它既同各类型企业的信息系统相连，又与政府的电子政务系统、公共服务系统和物流基础设施系统对接。城市物流信息平台实现的功能有物流交易平台功能、物流数据中心功能、第三方认证功能和其他增值服务功能。它最重要的作用就是能整合区域内各种物流信息系统的信息资源，完成各系统之间的数据交换，实现信息共享，可以加强物流企业与上下游企业之间的合作，形成并优化供应链。这有利于提高社会大量闲置物流资源的利用率,起到调整、调配社会物流资源,优化社会供应链、理顺经济链的重要作用。

（2）强化企业对虚拟物流认识。企业对虚拟物流认识程度决定虚拟物流发展程度。企业只有认同虚拟物流才会参与虚拟物流的建设。因此要不断强化企业对虚拟物流的认识,可以从如下两个方面来解决。虚拟物流的发展需要政府的支持和鼓励,一方面政府可以出台相关政策,加大虚拟物流理论研究资金投入力度,完善虚拟物流理论体系;另一方面,政府可以采取税收等手段,鼓励物流企业联盟,组建虚拟物流企业。虚拟物流组建者（整合商）要积极向组建伙伴陈述虚拟物流的优点,对企业所关心的核心技术外泄和核心能力丧失等问题,通过客观介绍打消企业的顾虑。另外组建者自身也要注意采取措施加强合作伙伴之间的关系,防止虚报信息、欺骗等行为出现。

（3）加快物流标准化体系建设。针对当前物流标准化进程中存在的问题和国际物流标准化的发展方向,政府部门要加强对物流标准化工作的重视。一方面要在计量标准、技术标准、数据传输标准、物流作业和服务标准等方面做好基础工作;另一方面,也是最为迫切的,是加强对标准化工作的协调和组织。企业应成为物流标准制定和实施的主体。从长远看,物流标准化关系到企业的可持续发展问题,关系到企业的自身利益问题。企业应该积极参与和配合物流标准化的推广与应用。重视物流人力资源的开发。虚拟物流是知识经济时代物流企业的发展趋势,人才是虚拟物流企业的核心资源和竞争力,因此必须要重视物流人力资源的开发。一方面,要加大物流人才培养和选拔力度,充分利用城市的教育资源培养和选拔相关方面的物流人才;另一方面,要支持物流人才的合理流动,加大吸引人才的力度。

三、电子商务新型物流服务

（一）电子物流

1. 电子物流的概念

电子物流是物流产业本身应用电子化的手段,实现物流商务运作的过程。电子物流通俗地讲即物流电子化或物流信息化:它是指利用电子化的手段,尤其是利用互联网技术来完成物流全过程的协调、控制和管理,实现从网络前端到最终客户端的所有中间过程服务,其最显著的特点是各种软件与物流服务的融合应用。电子物流包含物流的运输、仓储、配送等各业务流程中组织方式、交易方式、管理方式、服务方式的电子化,通过对物流业务实现电子化可以改革现行物流体系的组织结构,通过规范、有序的电子化物流程序,实现在线追踪发出的货物、在线规划投递路线、在线进行物流调度、在线进行货运检查等,从而使物流管理进入一个充分利用现有资源、降低物流成本、提高物流运行效率的良性轨道。电子物流既是一个整合性物流管理平台,又是一个物流电子化指挥系统。它能将产、供、销各个环节中的信号、数据、消息、情报等通过信息技术进行系统的智能采集和分析处理,并配合决策支持技术对企业物流系统中涉及的各个物流环节及部门进行有效的组织和协调,使物流商务活动能够方便、快捷、安全、可靠地进行,从而实现企业物流管理和决策的高效率和好效果。具体来说,其独特功能体现在三方面:首先,电子物流企业通过互联网加强了企业内部、企业与供应商、企业与消费者、企业与政府部门的联系沟通、相互协调、相互合作;其次,电子物流可以在线跟踪发出的货物,联机地实现投递路线的规划、物流调度及货品检查等;最后,电子物流服务能够为客户提供系统集成服务解决方案,使客户的前端服务与后端的各项物流业务紧密地结合起来,所以说电子物流=前端服务+后端服务。

2. 电子物流的特征

电子物流的本质特征在于利用互联网技术来实现物流运营的信息化、自动化、网络化、柔性化和智能化,最终实现现代物流与电子商务的协同发展。电子物流与传统物流相比,主要有如下新的特征。

(1) 物流过程信息化。电子物流与传统物流的最大区别在于物流配送的信息化,"信息"取代了"运力"成为第一要素。物流过程信息化表现为物流信息的商品化、物流信息收集的数据化和代码化、物流信息处理的电子化和计算机化、物流信息传递的标准化和实时化,以及物流信息存储的数字化等。由于现代物流信息技术的迅速发展,电子数据的交换和自动处理技术(EDI 技术)、条码技术(通过扫描对信息实现自动控制)、的 GPS 技术和通过地理信息系统实现物流配送的最佳路线的 GIS 技术等现代信息技术的广泛应用使得物流信息变得高度透明。首先,从技术本身的应用来说,仅以条码和 GPS 举例,在各大超市物品被消费者购买时,需要用扫描仪对其条码进行扫描,产品的名称、日期、产地、数量、批号均可查明,同时库存信息立即得到更新,一旦库存减少到一定量时就会发出提醒迅速补货。GPS 可随时监督产品在途中的位置、数量等情况，这些均为企业提高服务水平、实现快速反应和有效的客户反应提供了条件。其次，电子物流减少了"长鞭效应"，供应链上的"长鞭效应"是指链中企业对信息的曲解沿着下游向上游逐级放大的现象。从表面上看，"长鞭效应"表现为需求的不确定性，实质上，这种不确定性是由于需求变化的信息在供应链中传递时出现失真进而被放大的结果，这会为企业经营带来更大的风险。电子物流既要求各参与方对信息高度共享能有效消减"长鞭效应"，也能增进供应链上各节点企业间的合作关系，帮助实现供应链一体化和系统化。另外，电子物流中信息交流不仅是现实物流的信息反映，更主要的是通过信息的分析、判断进行决策是控制现实物流运行的物流电子化指挥系统。

（2）订单处理电子化。在大量的网上物流贸易中，顾客的个性化消费趋势越来越明显。过去的订单以大批量、少批次、品种单一为主，而现代物流在网上随时可以实现，呈现出小批量、多批次、个性化的特点，这在 BtoC 的电子商务环境下越发明显。越来越多的企业开始采用电子化订单处理方式来满足多元化的客户需求，以实现高效、灵活、柔性化的物流管理。电子物流业务使得客户可以运用外部服务力量来实现内部经营目标的增长，即能够得到量身定做的个性化服务。电子物流的外包服务可以在 BtoB 业务中的制造商与电子物流服务供应商之间，以及 BtoC 业务中的制造商及企业物流伙伴之间提供了建设性的桥梁作用。

3. 电子物流的发展模式

（1）定位在电子物流信息市场以互联网为媒体建立的新型信息系统。电子物流将企业或货主要运输的物流信息和运输公司可调动的车辆信息上网确认后，双方签订运输合同。货主将要运输的货物的种类、数量及目的地等上网，运输公司将现有车辆的位置及可承接运输任务的车辆信息通过互联网提供给货主，依据这些信息，双方签订运输合同。合同主要功能包括信息的查询、发布和竞标三个方面，附属功能有行业信息、货物保险、物流跟踪、路况信息和 GPS 等。我国近年来涌现的一批物流信息类的电子商务网站，大多已能实现货运信息供需双方的信息交流，包括车辆、货物的信息发布及查询，也可以进行竞标、请求配载等交易行为。

（2）定位在为专业物流企业提供供应链管理的电子物流系统。电子物流最显著的特点是各种软件技术与物流服务的融合应用，它不但能够实现系统之间、企业之间，以及资金流、物流、信息流之间的无缝链接，而且可以在上下游企业间提供一种透明的可见性功能，帮助企业最大限度地控制和管理库存。同时，由于全面应用了客户关系管理、商业智能、计算机电话集成、全球定位系统、互联网、无线互联技术等先进的信息技术手段，以及配送优化调度、智能交通、仓储优化配置等物流管理技术和物流模式，电子物流提供了一套先进的、集成化的物流管理系统，从而为企业建立敏捷的供应链系统提供了强大的技术支撑。

4. 电子物流服务与传统物流服务的差异

网上购物与传统购物的不同，决定了电子物流服务形式、手段的特殊性。网上购物的顾客在寻觅到所需的特定物品时，还希望能够得到实时的信息反馈，如是否有存货、何时能够收到货物等，同时他们十分关注如其在网上选购的物品不甚理想或物品在运输途中受损是否能够及时、便利地办理退货等。新兴的电子物流服务就是由具备实力的服务商来提供最大限度地满足客户需求的外包服务。电子物流服务与传统物流服务的差异，见表 4-5 所示。

表 4-5 电子物流服务与传统物流服务的差异

	电子物流	传统物流
业务推动力	IT 技术	物质财富
服务范围	综合性物流服务，同时提供更广泛的业务范围，如网上前端服务等	单项物流服务（运输、仓储、包装、装卸、配送等）
通信手段	大量应用互联网、EDI 技术	传真、电话等
仓储	分期分布、分拨中心更接近顾客	集中分布
包装	个别包装、小包装	批量包装
运输频率	高	低
交付速度	快	慢
IT 技术应用	多	少
电感	多	少

（二）绿色物流

1. 绿色物流的概念

绿色物流是指在物流过程中抑制物流对环境造成危害的同时，实现对物流环境的净化，使物流资源得到最充分的利用，它包括物流作业环节和物流管理全过程的绿色化。从物流作业环节来看，包括绿色运输、绿色包装和绿色流通加工等。从物流管理过程来看，主要从环境保护和节约资源的目标出发，改进物流体系，既要考虑正向物流环节的绿色化，又要考虑供应链上的逆向物流体系的绿色化。

现代物流业的发展必须优先考虑在物流过程中减少环境污染，提高人类生存和发展环境质量等问题。废弃物的回收利用已列入许多发达国家的可持续发展战略中，因为地球上的资源总有一天会用完，对此我们要高度重视。

2. 绿色物流的目标及内涵

（1）绿色物流的目标。绿色物流的首要目标是要将环境管理导入物流的各个系统，加强物流业中各个作业环节的环境管理和监督，从而有效遏止物流业发展造成的污染和能源浪费。绿色物流融合了环境保护观念，既是连接绿色制造和绿色消费之间的纽带，也是企业降低资源消耗和能源消耗、减少污染、提高竞争优势的"战略武器"。绿色物流不仅仅是为了实现经济主体的营利、满足顾客需求、扩大市场占有率等经济利益，它还有追求节约资源、保护环境的目标。

（2）绿色物流的内涵。绿色物流是以经济学一般原理为基础，建立在可持续发展理论、生态经济学理论、生态伦理学理论、外部成本内部化理论和物流绩效评估的基础上的物流科学发展观。同时，绿色物流是一种能抑制物流活动对环境的污染，减少资源消耗，利用先进的物流技术规划和实施运输、仓储、装卸搬运、流通加工、包装、配送等作业流程的物流活动。绿色物流的内涵包括如下五个方面。

第一，集约资源。这是绿色物流的本质内容，也是物流业发展的主要指导思想之一。通过整合现有资源，优化资源配置，企业可以提高资源利用率，减少资源浪费。

第二，绿色运输。运输过程中的燃油消耗和尾气排放，是物流活动造成环境污染的主要原因之一。因此，要想打造绿色物流，首先就要对运输线路进行合理布局与规划，通过缩短运输路线，提高车辆装载率等措施，实现节能减排的目标。另外，还要注重对运输车辆的养护，使用清洁燃料，减少能耗及尾气排放。

第三，绿色仓储。一方面要求仓库选址要合理，有利于节约运输成本；另一方面，仓储布局要科学，使仓库得以充分利用，实现仓储面积利用的最大化，减少仓储成本。

第四，绿色包装。包装是物流活动的一个重要环节，绿色包装可以提高包装材料的回收利用率，有效控制资源消耗，避免环境污染。

第五，废弃物物流。这是指在经济活动中失去原有价值的物品，根据实际需要对其进行收集、分类、加工、包装、搬运、储存等，然后分送到专门处理场所后形成的物品流动活动。

3．中国绿色物流发展现状

中国物流业在绿色物流的服务水平和研究方面还处于起步阶段，主要表现在如下方面。

（1）观念上的差距。一方面，绿色物流的思想还没确立，部分政府领导对物流的推进尚且放任自流，还缺乏发展的前瞻性，与时代的步伐存在差距。另一方面，经营者和消费者对物流绿色经营消费理念仍非常淡薄，绿色物流的思想几乎为零。经营者展现给我们的是绿色产品、绿色标志、绿色营销和绿色服务，消费者追求的是绿色消费、绿色享用和绿色保障，而对其中的绿色通道——物流环节，未有足够的重视和关心。因此在发展物流的同时，要尽快提高认识，更新思想，将绿色物流作为世界全方位绿色革命的重要组成部分，确认和面向绿色物流的未来。

（2）政策性的差距。绿色物流是当今经济可持续发展的一个重要组成部分，它对社会经济的不断发展和人类生活质量的不断提高具有重要的意义。正因为如此，绿色物流的实施不仅是企业的事情，而且必须从政府约束的角度，对现有的物流体制强化管理，构筑绿色物流建立与发展的框架，做好绿色物流的政策性建设。一些发达国家的政府在绿色物流的政策性引导上，不但制定了诸如控制污染发生源、限制交通量和控制交通流的相关政策和法规，而且从物流业发展的合理布局上为物流的绿色化铺平道路。

（3）技术上的差距。绿色物流的关键所在，不仅依赖物流绿色思想的建立，物流政策的制定和遵循，更离不开绿色技术的掌握和应用。我国的物流技术和绿色要求有较大的差距。如中国的物流业还没有什么规模，基本上是各自为政，没有很好的规划，存在物流行业内部的无序发展和无序竞争状态，对环保造成了很大的压力；在机械化方面，物流机械化的程度和先进性与绿色物流要求还有距离；在物流材料的使用上，与绿色物流倡导的可重用性、可降解性存在巨大的差距。另外，在物流的自动化、信息化和网络化环节上，绿色物流更是无从谈起。

由此可见，实现物流绿色化对我们来说，还有相当漫长的一段路途。必须要加快物流的绿色化建设，物流企业必须加快调整和整合。

4．绿色物流的管理措施

（1）绿色供应商管理。供应商的原材料，半成品的质量的好坏优劣直接决定着最终产成品的性能，所以要实施绿色物流还要从源头上加以控制。由于政府对企业的环境行为的严格管制，并且供应商的成本绩效和运行状况对企业经济活动构成直接影响。因此，在绿色供应物流中，有必要增加供应商选择和评价的环境指标，即要对供应商的环境绩效进行考察。

（2）绿色生产管理。绿色生产又包括绿色原材料的供应、绿色设计与制造及绿色包装。绿色产品的生产首先要求构成产品的原材料具有绿色特性，绿色原材料应符合如下要求：环境友好性；不加任何涂镀，废弃后能自然分解并能为自然界吸收的材料；易加工且加工中无污染或污染最小；易回收、易处理、可重用的材料，并尽量减少材料的种类，这样有利于原材料的循环使用。绿色制造则追求两个目标，即通过可再生资源、二次能源的利用及节能降耗措施缓解资源枯竭，实施持续利用，以减少废料和污染物的生成排放，提高工业品在生产过程和消费过程中与环境的相容程度，降低整个生产活动给人类和环境带来的风险，最终实现经济和环境效益的最优化。包装是商品营销的一个重要手段，大量的包装材料在使用一次以后就被消费者遗弃，从而造成环境问题。例如，现在中国比较严重的白色污染问题，就是将不可降解的塑料包装随地遗弃引起的。绿色包装是指采用节约资源、保护环境的包装，其特点是材料最省、废弃最少且节约资源和能源；易于回收利用和再循环；包装材料可自然降解并且降解周期短；包装材料对人的身体和生态无害。

（3）绿色运输管理。交通运输工具的大量能源消耗；运输过程中排放大量的有害气体，产生噪声污染；运输易燃、易爆、化学品等危险原材料或产品可能引起的爆炸、泄露等事故，都会对环境造成很大的影响。因此，构建企业绿色物流体系就显得至关重要。

第一，合理配置配送中心，制订配送计划，提高运输效率以降低货损量和货运量。开展共同配送，减少污染。共同配送是以城市一定区域内的配送需求为对象，人为地进行有目的、集约化地进行配送，它由同一行业或同一区域的中小企业协同进行配送。共同配送统一集货、统一送货可以明显地减少货流；有效地消除交错运输缓解交通拥挤状况，可以提高市内货物运输效率，减少空载率；有利于提高配送服务水平，使企业库存水平大大降低，甚至实现"零"库存，降低物流成本。

第二，实施联合一贯制运输。联合一贯制运输是指以件杂货为对象，以单元装载系统为媒介，有效地巧妙组合各种运输工具，从发货方到收货方始终保持单元货物状态而进行的系统化运输方式。通过运输方式的转换可削减总行车量，包括转向铁路、海上和航空运输。联合一贯制运输是物流现代化的支柱之一。

第三，评价运输者的环境绩效，有专门运输企业使用专门运输工具负责危险品的运输，并制定应急保护措施。企业如果没有绿色运输，就会增加经济成本和社会环境成本，影响企业经济运行和其社会形象。

第四，绿色储存管理。储存在物流系统中起着缓冲、调节和平衡的作用，是物流的一个中心环节。储存的主要设施是仓库。现代化的仓库是促进绿色物流运转的物资集散中心。绿色仓储要求仓库布局合理，以节约运输成本。布局过于密集，就会增加运输的次数，从而增加资源消耗；布局过于松散，则会降低运输的效率，增加空载率。另外，仓库建设前还应当进行相应的环境影响评价，充分考虑仓库建设对所在地的环境影响。例如，易燃易爆商品仓库不应设置在居民区，有害物质仓库不应设置在重要水源地附近。采用现代储存保养技术是实现绿色储存的重要方面，如气幕隔潮、气调储存和塑料薄膜封闭等技术。

第五，绿色流通加工管理。流通加工是指在流通过程中继续对流通中商品进行生产性加工，以使其成为更加适合消费者的需求的最终产品。流通加工既具有较强的生产性，也是流通部门对环境保护大有作为的领域。绿色流通加工的途径主要分两个方面：一方面变消费者分散加工为专业集中加工，以规模作业方式提高资源利用效率，以减少环境污染；另一方面，是集中处理消费品加工中产生的边角废料，以减少消费者分散加工所造成的废弃物污染。

第六，绿色装卸管理。装卸是跨越运输和物流设施而进行的，发生在输送、储存、包装前后的商品取放活动。实施绿色装卸要求企业在装卸过程中进行正当装卸，避免商品体的损坏，从而避免资源浪费及废弃物造成环境污染。另外，绿色装卸还要求企业消除无效搬运，提高搬运的灵活性，合理利用现代化机械，保持物流的均衡顺畅。

第七，产品绿色设计、绿色包装和标识。绿色物流建设应该起自产品设计阶段，用产品生命周期分析等技术来提高产品整个生命周期环境绩效，在推动绿色物流建设上发挥先锋作用。包装是绿色物流管理的一个重要方面，乳白色塑料的污染已经引起社会的广泛关注——过度的包装造成了资源的浪费。

第五章 电子商务环境下的冷链物流

第一节 电子商务冷链物流

随着电子商务经营品类的不断扩大,越来越多的农产品、生鲜食品、冷冻食品及冷链药品等物品逐渐成为电子商务物流的运营对象。由于这些物品的特殊性,低温、冷链的运输与配送方式成为电子商务物流重要的基础设施。

一、冷链物流的概念

冷链物流泛指冷藏冷冻类食品在生产、贮藏运输、销售到消费前的各个环节中始终处于规定的低温环境下,以保证食品质量,减少损耗的一项系统工程。这是以冷冻工艺学为基础、以制冷技术为手段的低温物流过程。

冷链物流多应用于食品行业,对保证食品质量安全具有重要的价值。首先,冷链物流提高了食品的保鲜能力,延长了食品的存储期,可以满足人们对新鲜食品的需求。其次,通过流通环节控制食品的温度,可以减缓食品腐坏速度,减少了产品损耗量。最后,冷链物流可以实现装卸货物时的封闭环境、储存和运输等,为食品的安全输送提供了保证。冷链物流涉及物流的运输、储存、装卸搬运等各个环节,是一个系统性工程,由如下七个部分组成。

(1)温控保温冷库。温控保温冷库是指主要对储藏物品的湿度、温度提供精确保障,包括恒温恒湿冷库。

(2)冷链仓储。一般用于生鲜农产品类,通过仓库对商品与物品进行储存与保管。

(3)冷链传输。在一定温度下,通过对所需的传输机械设备、器具的使用,实现对生鲜农产品的分类拣选、包装。

(4)冷链装卸。冷链装卸时要进行物品温度的检测和监督,其中冷藏、冷冻物品的卸货时间需要按规定要求,对卸货车辆与卸货仓库进行密封处理，保证卸货期间物品温度升高控制在允许范围内，并且在卸货作业中断时即时关闭运输设备的厢体门，保持制冷系统正常运转。

（5）冷链信息化控制。信息技术是现代冷链物流的神经系统，易于实现对企业全部资源进行战略协同管理，降低冷链物流成本。冷链物流信息化系统关键技术包括信息采集与跟踪技术、信息传输与交换技术、信息处理技术等。

（6）冷链运输。冷链运输是指在运输全过程中，无论是装卸搬运、变更运输方式还是更换包装设备，都会使所运输货物始终保持一定温度的运输。冷链运输方式既可以是公路运输、水路运输、铁路运输、航空运输，也可以是多种运输方式组成的综合运输。

（7）冷链检疫检验。冷链检疫检验需要建立规范有序的食品检疫检验工作，安排专人管理运输量大、距离远和污染概率高的运输工具，做好常规的清洗、消毒等卫生处理工作，并落实冷链物流的实时监控和温度记录工作，确保食品在运输过程中质量状态符合要求，保障进口食品安全和卫生。

二、电子商务冷链物流的特点

随着电子商务的发展逐渐深入到各行各业，电子商务冷链物流的需求剧增，其中主要来自生鲜食品冷链和药品冷链两方面。在物流配送过程中，生鲜食品和药品的质量和安全保障至关重要，而冷链物流的目的是保证易腐生鲜物品的品质及冷链药品的有效性。因此，电子商务冷链物流具有以下特征。

（一）复杂性

冷链物流必须遵循3T原则，即物流的最终质量取决于冷链的储藏温度（Temperature）、流通时间（Time）和产品本身的耐储藏性（Tolerance）。冷藏物品在流通过程中，其质量随着温度和时间的变化而变化，不同的产品都必须有对应的温度控制和储藏时间。这就大大提高了冷链物流的复杂性，所以说冷链物流是一个庞大的系统工程。

（二）协调性

由于易腐生鲜产品不易储藏，这就要求冷链物流必须高效运转，物流过程中的运输、装卸搬运、储存、配送等每个环节都必须相互协调、相互合作，不能出现断链情况，这样才能保证整个链条的稳定高效运作。因此，冷链管理必须从产品的生产、储存、运输、销售等诸多环节上进行控制，保证物流环节的协同。

（三）高成本性

为确保易腐生鲜产品在流通各环节中始终处于规定的低温条件下，必须使用冷藏车或低温仓库，因此需要投资冷库、冷藏车等基础设施、设备，成本是一般库房和干货车辆的3~5倍。同时，在电子商务物流配送过程中，为保证产品质量，需要配备恒温车或冷藏配送车等设备，这些都需要较高的资本投入。冷链物流作为物流业务中基础设施、技术含量都很高的高端物流，使得冷链物流的成本要比其他物流系统成本偏高。

（四）高技术性

冷链物流对技术要求高，其中冷链所包含的制冷技术、保温技术、产品质量变化机理和温度控制及监测等技术是支撑冷链的技术基础。另外，为提高物流运作效率，冷链物流还必须采用先进的管理信息系统，一方面保证冷链物流各环节之间的协同，另一方面要对食品类产品的产地进行严格管理、追踪，对特定的商品还要追溯原产地，冷库对温度控制要求很严格，必须使用带有温度传感器的射频识别（RFID）进行全程温度控制，出入库作业要求高。

（五）作业要求高

冷藏物流产品的最终质量取决于其在冷藏链中贮藏和流通的时间、温度，以及产品耐藏性。由于冷藏产品在流通中会因时间、温度的变化而引起品质降低的累积和不可逆性，因此要对不同的产品品种和不同的品质要求有相应的产品温度控制与贮藏时间的技术经济指标，同时在进行出入库作业过程中要遵循冷链产品的特点进行管理和控制。因此，冷链物流的作业难度大，作业的精准度要求高。

（六）政策法规要求高

冷链物流产品的质量安全直接关系到消费者的健康与安全，因此相关政策法规对冷链物品的要求更加严格。《中华人民共和国食品安全法》(2021年修正)就食品运输问题做了特别阐述,关注食品在整个供应流程中的安全监控,要求冷链不能断裂,在食物贮藏、配送过程中应始终处于受控的低温状态。安全性要求对物流企业的资质、硬件、软件及IT信息技术提出了更高的要求。

三、电子商务冷链物流的分类

电子商务冷链物流可按冷链物流的环节和物品品类划分,见表5-1所示。

表5-1　电子商务冷链物流分类

分类依据	类型
按照冷链物流的环节划分	冷藏加工
	控温贮藏
	冷藏运输
	冷藏配送
按照物品品类划分	生鲜食品冷链物流
	冷冻食品冷链物流
	冷藏药品冷链物流

(一)按照冷链物流的环节划分

(1)冷藏加工。这是指在开始销售前进行冷藏物品的简单加工,包括肉类、鱼类、海鲜类的冷却与冻结,以及果蔬的预冷与各种速冻食品的加工等。

(2)控温贮藏。这是指在仓库中的储存环节,既包括食品的冷藏和冻藏,也包括果蔬的气调贮藏。这个环节主要涉及各类冷藏库、冷藏柜、冻结柜及家用冰箱等冷链物流基础设施。

(3)冷藏运输。这包括冷藏食品的中、长途运输及区域配送等,主要涉及铁路冷藏车、冷藏汽车、冷藏船、冷藏集装箱等低温运输工具。在冷藏运输过程中,温度的波动是引起食品质量下降的主要原因之一,因此运输工具必须具有良好的性能,不但要保持规定的低温,而且要防止大的温度波动,长距离运输尤其如此。

(4)冷藏配送。这是指由商家仓库配送到消费者手中的环节。由于需要冷藏或冷冻,在这个环节需要大量的低温或恒温配送车,或者通过冷藏包装进行配送,以保证冷链物品的质量。

（二）按照物品品类划分

（1）生鲜食品冷链物流。生鲜食品既是电子商务平台销售的商品中非常重要的品类之一，也是各大电商平台大力发展的项目。生鲜食品主要包括新鲜水果、蔬菜、海鲜水产、肉类，如草莓、水蜜桃、鱼类、猪肉、鸡翅等。这类物品的保质期较短，物流配送过程中易损耗，品质受物流影响非常大，因此对冷链物流要求较高。生鲜食品一般适用于较短距离范围的冷链物流，主要使用低温、恒温的运输仓储设施设备。

（2）冷冻食品冷链物流。冷冻食品范围较广，需要在零下18℃冷冻储存的食品，主要包括冷冻肉类、肉制品、冷冻面食、冰激凌等。这类物品对冷冻条件要求较高，需要全程保证不融化，否则会影响产品质量，因此对冷链物流的设施、设备要求较高，一般需要冷冻柜、冷藏车等。

（3）冷藏药品冷链物流。为保证质量，冷藏药品需要在一定的温度范围内储存和运输。随着电子商务品类的丰富，冷藏药品成为电子商务平台重要的销售品类。商家一般需要具备冷藏的基本设施，如冰箱、冷藏柜等。同时，物流配送的各个环节要保证在一定的范围之内，因此对电子商务冷链物流提出了更高的要求。

四、电子商务冷链物流的适用范围

电子商务冷链物流主要服务于电子商务企业经营，适用范围包括以下三类。

（一）初级农产品

冷链物流运输的初级农产品有很多种，以下简单举例。

蔬菜和水果：如胡萝卜、西兰花、苹果、橙子等，在采购、运输和销售环节中需要保持低温环境，以确保其质量和新鲜度。

肉类和禽蛋：如猪肉、牛肉、鸡肉、鸡蛋等，在运输过程中需要低温环境以抑制细菌和病毒的繁殖，从而降低食品污染的风险。

牛奶和水产品：如牛奶、鱼、虾等，在储藏和运输过程中需要低温环境以延长其保质期和保证其品质。

花卉产品：如玫瑰、百合等花卉，在运输过程中需要保持低温环境以延长其保质期和防止花蕾脱落。

除了以上举例的初级农产品，还有许多其他农产品也适合冷链物流运输，如豆腐制品、蜂蜜等。需要注意的是，不同农产品的最佳储存和运输温度是不同的，因此需要根据农产品的特性和要求进行合理的冷链物流设计和操作。

（二）加工食品

冷链物流不仅适用于初级农产品的运输，也适用于加工食品的运输。以下是一些适用冷链物流运输的加工食品的例子。

冷冻食品：如速冻饺子、汤圆、冰淇淋等，在运输过程中需要低温环境以保持其质量和新鲜度。

冷藏食品：如包装熟食、酸奶、黄油等，在运输过程中需要保持低温环境以延长其保质期和保证其品质。

保鲜疫苗：如水果、蔬菜、花卉等，在运输过程中需要保持低温环境以延长其保质期和防止腐坏损失。

除了以上举例的加工食品，还有许多其他加工食品也适合冷链物流运输，如加工肉类制品、豆制品、奶制品等。

与初级农产品一样，不同的加工食品对运输温度的要求是不同的，需要根据食品的特性和要求进行合理的冷链物流设计和操作。

（三）特殊商品

特殊商品主要包括需要冷藏的药品等，一般需要保持低温的储存环境，对冷链物流各个环节的协同配合要求较高。冷链物流比一般常温物流系统的要求更高、更复杂，建设投资也要大很多，是一个庞大的系统工程，因此对电子商务企业来说，一般只有大中型电子商务企业才有这个实力来开展冷链物流的活动。例如，电商的生鲜板块根据生鲜商品的不同特点将生鲜商品划分为新鲜水果（如草莓、车厘子）、海鲜水产（如海鲜礼盒、鱼类、贝类）、精选肉类（如鸡翅、猪肋排、牛排）、冷饮冻食（如酸奶、冰激凌、牛奶）、蔬菜蛋品（如水培蔬菜、生菜）等，采用全程冷链物流配送，保证了商品质量安全。

第二节 电子商务冷链物流市场分析

冷链物流产业链发展较为成熟，形成了较为完整的上、中、下游产业链条。电子商务冷链市场的迅速发展增加了对冷链物流市场的需求，促使电子商务冷链物流市场多样化发展，使众多物流企业加入冷链物流市场，丰富了电子商务冷链物流的运作模式。

一、冷链物流市场发展

我国冷链物流已经形成了较为成熟的产业链，其中产业链上游为冷链物流的制造环节，包括冷冻装置的制造和冷冻技术支持等；中游为冷链物流的运输及仓储环节，主要包括运输环节、仓储环节和其他环节；下游为冷链物流的应用环节，主要包括农产品冷链物流、药品冷链物流及化工冷链物流等。冷链物流环节构成，如图5-1所示。

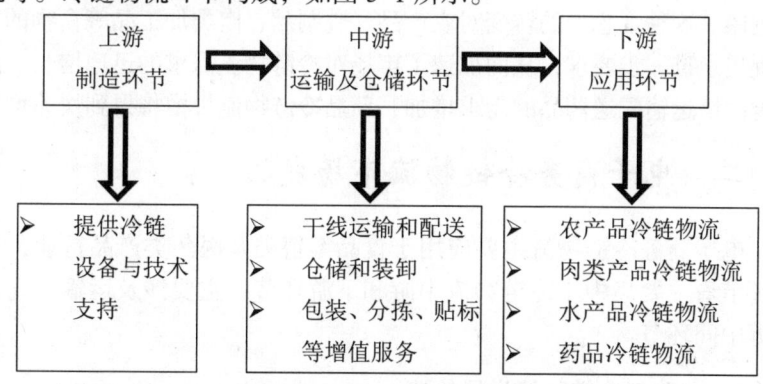

图 5-1 冷链物流环节构成

（1）冷链物流上游集中度高，较为成熟。我国冷链物流产业链上游行业为冷藏设备的制造及技术提供支持。由于冷藏设备属于特种装备制造，因此具有较强的技术壁垒，行业集中度较高，发展较为成熟。例如，大连冷冻机股份有限公司生产的冷冻冷藏设备广泛应用于便利店，与盒马鲜生、京东、金时便利、罗森便利等重点客户进行有效合作；青岛海容商用冷链股份有限公司主营冷藏商用展示柜，产品覆盖冷饮、速冻食品、啤酒、饮料、乳业、连锁超市等众多下游行业；冰轮环境技术有限公司主要从事低温冷冻设备制造及应用系统集成、工程成套服务，广泛服务于食品冷链、物流、医药等行业。

（2）中游冷链物流行业发展迅速。在我国冷链物流行业价值链条中，中游行业由运输环节（包括干线运输和配送）、仓储环节（包括仓储和装卸）及其他环节（包装、分拣、贴标等增值服务）构成。其中，运输环节所产生的价值最高，约占整个产业价值的一半；仓储环节和其他环节平分秋色。

近几年，在居民消费升级与线上经济高速发展的背景下，生鲜电商需求的爆发式增长，进一步带动了冷链物流行业的快速发展。据艾媒咨询数据显示，2022年冷链物流市场规模达6 371亿元，随着冷链物流产业布局更加完善，国家标准及利好政策逐渐落实，各行业对冷链物流的需求不断推动着行业持续发展，目前，中国冷链物流行业正处在规范发展期，构建现代冷链物流体系、补齐冷链物流发展短板是行业发展目标，未来冷链物流行业将向着智慧化、绿色化、标准化发展。

（3）下游冷链物流需求增长迅速。随着我国居民人均可支配收入不断增长及食品安全意识的逐渐升级，人们的观念从吃得饱逐渐转为吃得好、吃得健康。这种观念上的转变对农产品、乳制品、肉类加工品等食物的安全问题提出了进一步要求，从而加速了市场对冷链物流需求的迅速增长。同时，随着冷链运输配送药品的需求增加，药品冷链物流规模将得到快速增长。

二、电子商务冷链物流市场发展

电子商务冷链物流主要应用于食品零售类及医药类产品行业，从产业链环节看主要集中于冷链物流中游和下游环节，主要涉及运输、仓储、配送等中间环节。

（一）生鲜冷链物流发展快速

随着生鲜电子商务的快速发展，电子商务冷链物流市场也迅速发展。艾媒咨询数据显示，2022年中国生鲜电商行业市场规模为3 637.5亿元，自2020年以来，无接触式配送要求更是推动了线上经济的爆发，生鲜电商的发展为冷链物流市场的扩大提供了更大的助力，消费者对生鲜电商行业的信任度加深。

（1）医药冷链物流增长迅速。中物联医药物流分会发布的《中国医药物流发展报告》显示，2022年，我国医药物流总额达到2 988.3亿元，冷链运输的药品市场规模保持较高增长。在流通环节，药品的运输要求全程冷链，一旦运输途中出现温度异常就会产生不可逆的后果。顺丰、生生物流、京东等企业都在不同程度上介入医药冷链物流，原有流通巨头国控集团、华润集团等也纷纷加码物流配送中心的建设，部署冷链配送业务。越来越多的企业入驻医药冷链运输领域，带动了医药冷链物流的进一步发展。

（2）电子商务冷链物流企业多样化。随着电子商务的快速发展，不同行业的物流企业纷纷加入电子商务冷链物流市场。目前，电子商务冷链物流企业主要包括三类。

第一类是实力雄厚的电商平台，如阿里巴巴、京东、抖音商城、苏宁易购等，它们依靠背后强大的订单量和数据支撑自建冷链物流，从而完成了冷链物流配送环节。这一类企业便于对冷链物流进行全方位的控制和管理，因此冷链物流成为电商平台发展的重要推动力。例如，京东冷链物流于 2019 年正式开通"武汉亚洲一号"生鲜仓库，推出冷链自提柜"鲸鲨"品牌，上线货柜产品，冷链仓库日均订单处理能力达百万件。

第二类是顺丰、中通、圆通等快递巨头，基于自身在物流运输网络方面的深厚底蕴进行冷链布局。这类企业借助自身完善的物流基础设施和网络，提供和完善冷链物流业务。例如，顺丰冷运在整合原有物流、电商、门店等资源的基础上，为生鲜食品行业客户提供冷运仓储、冷运干线、冷运宅配、生鲜食品销售、供应链金融等"一站式"解决方案。顺丰冷运开通运营食品仓、食品干线，覆盖城市面广；自有的食品冷藏车以及外包储备冷藏车，皆配备完善的物流信息系统及自主研发的 TCEMS 全程可视化监控平台，贯通东北、华北、华东、华南、华中、华西等重点核心城市，提供专业、高效的运输服务。

第三类是第三方供应链服务平台，如鲜易供应链、九曳供应链等。其中，九曳供应链是国内领先的"一站式"智慧生鲜供应链服务平台，致力于成为生鲜供应链的合作伙伴和赋能者。基于国内唯一自主研发的全品类生鲜仓储管理系统和专业仓干配运营体系，通过建立"去中心化"的智慧冷链物流骨干网，九曳供应链服务于全球众多生鲜电商、农牧渔食品企业，其中覆盖了中国大部分的冰激凌品牌。

（二）电子商务冷链物流运作模式

1. 仓储型模式

仓储型模式主要以从事低温仓储业务为主，为客户提供低温货物储存、保管、中转等仓储服务，主要的冷链基础设施是冷库。在仓储型模式中，代表性企业主要有太古冷链物流、中外运普菲斯、上海郑明现代物流。

2. 综合型模式

综合型模式以从事低温仓储、干线运输及城市配送等综合业务为主。

和单一的冷链物流企业不同，其业务比较广泛，涉及仓储、运输和配送等各个方面。代表性企业有上海广德物流、北京中冷物流等。

3. 城市配送型模式

城市配送型模式以城市低温仓储和配送一体化为主，冷链配送车在城市中运行。这种模式在冷链物流行业中最为常见，主要服务于超市供应商、超市配送中心、连锁餐饮配送中心、生鲜电商等四类客户。代表性企业有上海新天天低温物流、广州南极冷链物流等。

4. 运输型模式

运输型模式主要以从事货物低温运输业务为主，包括干线运输、区域配送及城市配送。目前中国冷链物流行业按此种模式运营的代表企业有双汇物流、荣庆物流等。其中，荣庆物流属于传统物流转型，双汇物流等大多是从企业物流逐步发展成物流企业的。双汇物流隶属于双汇集团，双汇在其发展过程中，离不开冷链物流的支撑，随着企业规模的不断扩大，之前的物流部门逐渐演变成了物流企业。

5. 供应链型模式

供应链型模式是指围绕核心企业，通过对信息流、物流、资金流的控制，从采购到终端整个过程提供低温运输、加工、仓储、配送服务，然后由分销网络把产品送到消费者手中。总的来说，就是将供应商、制造商、物流商和分销商连成一个整体的功能网链结构。

6. 平台型模式

在冷链物流迅猛发展的今天，平台型模式依然存在着散乱的问题。面对资源信息的不对称，一些平台型冷链脱颖而出。该模式是指以大数据、物联网技术和IT技术为依托，融合物流金融、保险等增值服务，构建的"互联网+冷链物流"的冷链资源交易平台。代表性企业有链四方物流等。

7. 电商型模式

电商型模式主要指生鲜电商企业自主建设的冷链平台。除自用外，该模式还可以为电商平台上的客户提供冷链物流服务。代表性企业有顺丰冷运和京东冷链。其中，京东早在2014年就开始打造冷链物流体系，2018年正式推出京东冷链。京东冷链专注于生鲜食品和医药物流，依托冷链仓储网、冷链运输网、冷链配送网三位一体的综合冷链服务能力，以产品为基础，以科技为核心，通过构建社会化冷链协同网络，打造全流程、全场景的 FtoBtoC（Factory to Business to Consumer）"一站式"冷链服务平台，实现对商家与消费终端的安心交付。

第三节 电子商务冷链物流行业标准与硬件设备

电子商务冷链物流行业的发展，一方面要遵守相应的国家标准和行业标准，另一方面还要积极探索和制定新的行业标准，以适应电子商务及冷链物流的技术更新与市场需求。同时，冷链物流的硬件设施是保证电子商务冷链物流科学、高效发展的重要基础设施。随着电子商务的发展及技术的进步，电子商务冷链物流行业的硬件设备也在不断创新发展。

（一）电子商务冷链物流行业标准

1. 冷链物流主要国家标准

为保障冷链物流的行业规范性，我国设定了相关冷链物流的常用标准，分别从冷链分类、信息管理、追溯管理、冷藏/冷冻食品物流、易腐食品控温、保温车、冷藏车、冷库设计等方面做了相关规定，如图 5-2 所示。这些标准对冷链物流基础设施的设计、建设，以及冷链物流的运作、管理等进行了详细的规范，对促进电子商务冷链物流科学、高效发展运行提供了保障。

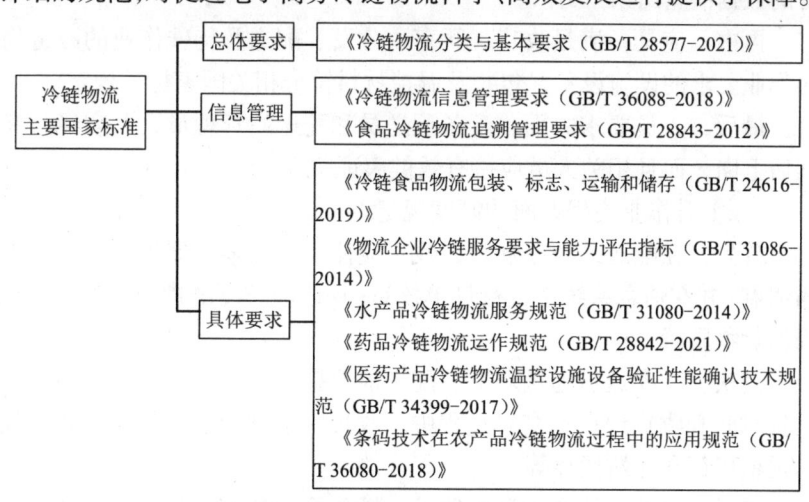

冷链物流主要国家标准
- 总体要求：《冷链物流分类与基本要求（GB/T 28577-2021）》
- 信息管理：
  - 《冷链物流信息管理要求（GB/T 36088-2018）》
  - 《食品冷链物流追溯管理要求（GB/T 28843-2012）》
- 具体要求：
  - 《冷链食品物流包装、标志、运输和储存（GB/T 24616-2019）》
  - 《物流企业冷链服务要求与能力评估指标（GB/T 31086-2014）》
  - 《水产品冷链物流服务规范（GB/T 31080-2014）》
  - 《药品冷链物流运作规范（GB/T 28842-2021）》
  - 《医药产品冷链物流温控设施设备验证性能确认技术规范（GB/T 34399-2017）》
  - 《条码技术在农产品冷链物流过程中的应用规范（GB/T 36080-2018）》

图 5-2 我国冷链物流主要国家标准

2. 电子商务冷链物流行业标准

为进一步规范电子商务冷链物流配送，2018年，在我国电子商务交易保障（客体）追溯信息共享工作部署与国家质量基础共性技术研究背景下，《电子商务冷链物流配送服务管理规范》标准起草组成立，开始了电子商务冷链物流配送标准的制定工作。

2020年国家市场监督管理总局和国家标准化管理委员会发布了《电子商务冷链物流配送服务管理规范（GB/T 39664-2020）》国家标准，于2021年7月1日开始实施。该标准规定了电子商务冷链物流配送的基本要求、管理要求、作业流程及要求、评审及改进等，适用电子商务冷链物流配送服务提供方对配送作业服务的管理，不适用医药冷链物流配送。该标准明确了电子商务冷链配送是从配送站递送到消费者且全程处于配送商品所要求的温度下的物流活动，并且从管理要求、作业流程等方面提出了详细的规范。

（1）对信息管理方面的制度规定。

首先，应建立信息管理平台，并且具备订单跟踪、温度监测、信息查询、客户反馈等功能，利用平台对单据、库存、运输、配送等环节进行全面管理。

其次，应建立追溯管理制度和信息记录管理制度，确保能够识别冷链货物及交付记录的关系，对货物配送的全流程进行评估，不得将涉及消费者的数据泄露给第三方。

再次，应具备满足收货、暂存、分发、配送及特殊作业的冷链物流配送作业要求的设施设备，包装及温控材料符合相关国家标准规定。

最后，人员要求方面，配备配送员和配送站管理员，并应经过专业培训后上岗，而且相关人员应持有效健康证明。

（2）对作业流程方面的制度规定。

首先，在配送站暂存环节，收货应使用数据采集器等相关设备进行扫描清点，并在信息系统中进行订单核对；垛码应按冷链货物种类码放整齐，确保货物质量。

其次，在配送员递送环节，配送前要提前与客户联系，确认收货人、收货时间和收货地点；交付过程中，收货应细分为本人签收、委托代收、自提柜代存和驿站代存等。

最后，对返件处理和商品撤回，制定了具体规定。

3. 电子商务冷链物流标准制定的原则

电子商务冷链物流标准制定需要遵循六个原则，如图 5-3 所示。

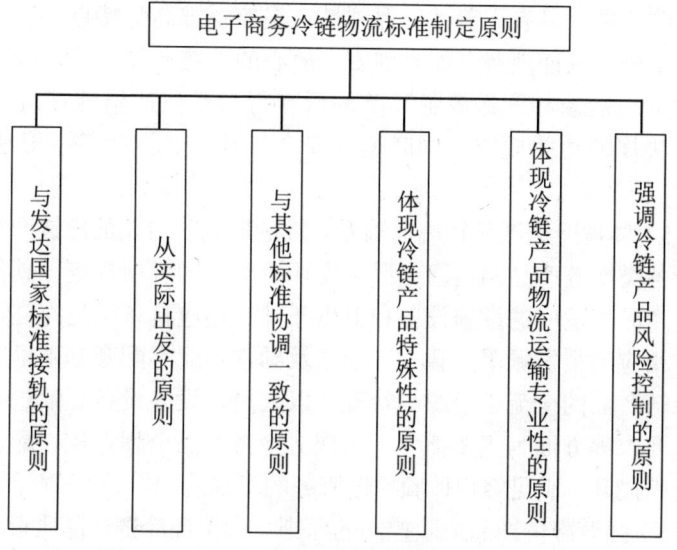

图 5-3 电子商务冷链物流标准制定原则

（1）与发达国家标准接轨的原则。美国、日本和欧洲等发达经济体在冷链产品的温控、包装、储存、加工、运输、配送、售后等方面都有可以采纳的规定要求，许多要求表现在政府法令、地方规定或企业标准等方面。我国电子商务冷链标准要考虑国内企业的可承受范围，在标准具体技术规定部分，以多年冷链物流配送作业经验为基础、以冷链产品具体操作模式与运作质量为核心、以作业标准流程为依托，保证运输产品的冷链度与安全度。

（2）从实际出发的原则。电子商务冷链物流标准制定过程中，要征求国内知名冷链电商、物流企业、包装企业的专业意见，充分考察国内同行企业的实际操作，充分反映企业现状实际，做到标准为企业服务、为推动冷链行业发展服务。

（3）与其他标准协调一致的原则。在电子商务冷链物流标准制定过程中，要充分调研国内现有冷链产品的温控、运输、储存、流通加工、安全卫生、包装、配送服务等相关国家、行业及地方标准，在内容、术语、标准要求上尽量与其他标准保持协调一致，尤其要将优秀的行业标准、地方标准或企业标准要求纳入新编制的标准中。

（4）体现冷链产品特殊性的原则。冷链产品是客户购买频率较高、与消费者日常生活关系密切的需求性产品。相较其他一般的产品，冷链产品容易腐败变质，具有季节性、保鲜性、温控要求高等特点。为保证冷链产品质量安全，保证消费者能吃到安全放心的冷链产品，涉及冷链产品的储存、加工、运输和配送等各环节的所有行为都应严格遵守国家产品管理法律、法规的相关规定，同时遵守安全、环保、卫生等一般法律法规的规定。

（5）体现冷链产品物流运输专业性的原则。专业的冷链产品物流不仅应符合各类冷链产品储运温（湿）度环境要求的各项规定，具备运输、储存冷链产品相适应的设施设备和卫生条件，还应具备满足冷链物流配送作业要求相应的集发派单、暂存、配送及异常作业等配套基础设施条件，实现对冷链产品的全流程组织与管理，以人员、设施设备、信息系统、包装及卫生要求等方面为主要抓手，实现对冷链产品全程温控、配送服务等方面的全面提升，满足客户体验冷链服务的幸福感。

（6）强调冷链产品风险控制的原则。为保证冷链产品质量与安全，冷链产品的风险控制应贯穿从生产地到消费者手中的全过程，实现风险的识别、控制和规避，在信息系统中设置"最后一公里"配送具备温度监测、异常提示、异常报警等功能。同时，冷链物流配送服务提供方需具备异常作业高效处理、配送人员管理考核、安全卫生要求、温度检测等管控方案，提升服务品质，有效控制风险。

（二）电子商务冷链物流硬件设备

成熟的电子商务冷链物流涵盖产品从生产到销售的全过程，而整个流程是对生产、加工、储存、销售等过程都进行冷链处理，包括预冷处理、冷链加工、冷链储存、冷链运输和配送，以及冷链销售等几个方面，具体可以划分为如下四个不同的技术阶段。

（1）源头采用真空预冷技术和冰温预冷技术。

（2）在贮藏阶段采用自动冷库技术。

（3）冷藏运输采用冷藏车、铁路冷藏车和冷藏集装箱配套使用的物流模式。

（4）运用信息技术建立电子虚拟冷链物流供应链管理系统，对产品链全过程进行动态监控。

第五章　电子商务环境下的冷链物流

目前，国内企业主要采用的冷链技术集中在贮藏和冷藏阶段，实现供应链管理系统进行全面温控是未来的发展方向。同时，相应的冷链物流硬件设备主要涉及冷库、冷藏车、冷藏箱、制冷自提柜等硬件设施。

1. 冷库

冷库主要指使用人工手段，创造与室外温度或湿度不同的环境，也指对食品、液体、化工、医药、疫苗、科学试验等物品的恒湿贮藏设备。冷库通常位于运输港口或原产地附近。冷库主要用作对食品、乳制品、肉类、水产、禽类、果蔬、饮料、花卉、绿植、茶叶、药品、化工原料、电子仪表仪器、烟草、酒精饮料等半成品及成品的恒温恒湿贮藏。冷库属于制冷设备的一种，其与冰箱相比较制冷面积虽然要大很多，但它们有相通的制冷原理。

（1）冷库设备组成。冷库主要由制冷系统和库房组成。制冷系统是冷库的核心，保证冷库的冷源供应。库房的作用是保温隔热，最大限度地减少制冷机组制造的冷量向外泄露以维持低温环境。一般冷库多由制冷机制冷，利用汽化温度很低的液体（氨或氟利昂）作为冷却剂，使其在低压和机械控制的条件下蒸发，吸收贮藏库内的热量，从而达到冷却降温的目的。最常用的制冷设备是压缩式冷藏机，主要由压缩机、冷凝器、节流阀和蒸发管等组成。按照蒸发管装置的方式，冷却可分直接冷却和间接冷却两种。直接冷却是将蒸发管安装在冷藏库房内，液态冷却剂经过蒸发管时，直接吸收库房内的热量而降温。

（2）冷库储存的物品种类。从储存物品的种类看，电子商务冷链物流的冷库主要存储食品类和药品类物品。其中，食品冷库用于食品冷冻和冷藏的建筑物，它通过人工制冷的方法，使库内保持一定的低温。为减少外界热量的传入，冷库的地坪、墙壁和屋顶都敷设一定厚度的防潮隔气层和隔热层。在食品冷库工程管理中，应根据食品冷库的特性，实行科学管理，以保证安全生产，达到延长使用寿命、降低生产成本、节约维修费用、提高企业经济效益的目的。

医药冷库主要储存在常温条件下无法保质的各类医药产品，在低温冷藏条件下使药品不变质失效，延长药品的保质期，库温一般为-5℃~8℃。在低温冷藏条件下，冷藏能使药品不变质失效，延长药品的保质期，达到医药监督局的技术要求。药品冷库具有冷藏保鲜、制冷速度快、功能齐、省电节能等多项优点，并且采用最先进的低噪声进口谷轮制冷机组，提高了制冷效率，降低了冷库的能耗。药品冷库如图 5-4 所示。

图 5-4 药品冷库

（3）冷库的结构种类。冷库是一种低温冷冻设备，冷冻温度一般在 -30℃ ~ -10℃，存储冷冻物品的量比较大。从不同的角度划分，冷库可以分为不同的类型。按结构形式划分，主要冷库有土建冷库和装配式冷库。按使用性质划分，冷库主要有生产性冷库和分配性冷库。按规模大小划分，冷库主要有大型冷库、中型冷库和小型冷库。按冷库制冷设备选用物质划分，冷库主要有氨冷库和氟利昂冷库。按使用库温要求划分，冷库主要有高温冷库、低温冷库和冷藏冷库。

除此之外，冷库按照生产地和销售地来区分，还可以把区域分拨型冷库、城市配送型冷库及市场型冷库归为销售地冷库，把产地型冷库和生产型冷库归为生产地冷库。在冷链物流的所有环节中，冷库是最核心的设施，其投资在冷链建设的占比中也是最高的。

2022 年，交通运输部、国家铁路局、中国民用航空局、国家邮政局、中国国家铁路集团有限公司联合发布《关于加快推进冷链物流运输高质量发展的实施意见》，进一步推动冷链物流运输高质量发展，更好满足人民日益增长的美好生活需要，服务加快构建新发展格局。

2. 冷藏车

冷藏车是指用来维持冷冻或保鲜的货物温度的封闭式厢式运输车，是装有制冷机组的制冷装置和聚氨酯隔热厢的冷藏专用运输汽车，常用于运输冷冻食品（冷冻车）、奶制品（奶品运输车）、蔬菜水果（鲜货运输车）、疫苗药品（疫苗运输车）等。

（1）冷藏车的构造。冷藏车由专用汽车底盘的行走部分、隔热保温厢体（一般由聚氨酯材料、玻璃钢、彩钢板、不锈钢等组成）、制冷机组、车厢内温度记录仪等部件组成，对特殊要求的车辆（如肉钩车），可加装肉钩、拦货槽、铝合金导轨、通风槽等选装件。冷藏车制冷机组是为冷藏车货柜提供源源不断的"冷"的重要设备，一般都加装在货柜的前面顶部，有空调般的外形，但比同体积的空调具有更强的制冷能力。制冷机组分为非独立制冷机组和独立制冷机组，区别在于独立机组完全通过另外一个机组发电来维持工作，非独立机组完全通过整车的发动机工作取力来带动机组的制冷工作。一般车型都采用外置式冷机，少数微型冷藏车采用内置式冷机。对温度要求较低的冷藏车，可采取厢体内置冷板。冷藏车的制冷机组用于温度的调控，而厢体的作用是用于温度的保持。如果说制冷机组是能量的提供者，那么厢体就是能量的储存者。在冷藏车的三大部件中，制冷机组和保温厢体是最重要的，去除底盘后可以作为小型的保温库或冷藏库。保温厢体的选择一般遵循几个原则：保温性能好，重量轻，不易损坏。

（2）冷藏车的分类。从不同角度，可以将冷藏车划分为不同类型。按底盘生产厂家分类，有东风冷藏车、长安之星冷藏车、庆铃冷藏车、江铃冷藏车、江淮冷藏车、北汽福田冷藏车。按底盘承载能力分类，有微型冷藏车、小型冷藏车、中型冷藏车、大型冷藏车。按车厢形式分类，有面包式冷藏车、厢式冷藏车、半挂冷藏车。电子商务冷链物流中多以厢式冷藏车为主。厢式冷藏车如图5-5所示。

图5-5　厢式冷藏车

（3）冷藏车具有如下四个方面特点。①密封性。冷藏车的货柜需要严格密封来减少与外界的热量交换，以保证冷藏柜内保持较低温度。②制冷性。加装的制冷设备与货柜连通并不断制冷，保证货柜的温度在货物需要的范围内。③轻便性。一般用冷藏车运输的货物都是不能长时间保存的物品，虽然有制冷设备，但仍需较快地送达目的地。④隔热性。冷藏车的货柜类似集装箱，但由隔热效果较好的材料制成，减少了热量交换。

冷库和冷藏车是冷链两种最基本的基础设施，冷库在发达地区的建设虽然逐渐饱和，但是冷藏车整体体量依然较小。我国冷藏运输目前主要以公路为主导，市场对节能、轻便、小型的冷藏车需求显著，目前大中型城市基本都采取了限制货运车辆进城的交通管制措施，在限制通行区域不断扩大的情况下，大型城市物流配送车辆无法有效保障冷链配送运行。在消费者对品质要求上升的推动下，由分销网点向消费者配送的"最后一公里"蓝海市场亟待发掘，适应城市配送需求特点的节能、轻型、小型冷藏车，是解决配送限制、保证食品品质的理想选择。

3. 冷藏箱

冷藏箱具有表面光滑、容易清洗、保温效果好、不怕摔碰的优点，可以针对不同需求设计不同大小，配着可重复使用的科技冰袋使用，如图5-6所示。冷藏箱的主要材料为高密度牛津布，这是一种环保性面料，密度高、保冷性极强、轻便、质地不软不硬、无毒，被称为环境专用材料。冷藏箱可根据客户需求进行设计制作，闭合封面附加橡胶密拉链，以充分满足客户要求。

图5-6 冷藏箱

根据不同需求，冷藏箱分为高温冷藏型、常温冷藏型及低温冷藏型的冷藏箱。例如，临床医学上部分药物需要长期保存在零下温度的环境内，使用不耗能的冷藏箱是不行的，必须使用具有温度控制能力的冷藏箱。这一类冷藏箱具备温度采集、加热、制冷等能力，以确保药品品质。

根据保存物品的不同，冷藏箱可以分为食品冷藏箱和药品冷藏箱。其中，药品冷藏箱根据不同药品的冷链要求，有严格的温度控制标准。电子商务冷链物流中常用的是食品冷藏箱，因为要接触食用材料，箱体材料必须使用无毒无味的环保材质。食品冷藏对温度的管控要求没有严格的标准值限定，食品冷藏箱在设计的时候要考虑到尽量多的空间容量。食品冷藏箱的保温性能相对专用的医用冷藏箱的冷藏保温性能要低一些，冷藏保温时效也差很多，对温度的精准控制也差一些。

一般来说，冷链物流中的冷藏箱具有如下特点。①耐热耐冷。冷藏箱对耐热性耐冷性的要求比较高，在高温的水中不会变形，甚至可以用沸水消毒。②耐用。冷藏箱要具有优越的耐冲击性，重压或撞击时不易碎裂，不会留下刮痕，可终身使用。③密封。这是选择冷藏箱首要考虑的一点。虽然不同品牌的产品密封方式不同，但卓越的密封性是内存食物持久保鲜的必要条件。④保鲜。国际上的密封测定标准是以透湿度测试来评定的，优质的冷藏箱要比同类产品的透湿度低 200 倍，可以更长时间保持食物的新鲜。⑤多功能性、多样性。冷藏箱可以针对生活需要设计不同大小、配着可重复使用的科技冰袋使用，冰袋既可以保冷也可以保热（冰袋最低可以被冷冻到零下 190℃，最高可以被加热到 200℃，可以任意切割尺寸）。⑥环保。食品级的环保 LLDPE 材料，无毒无味，抗紫外线，不易变色。

电子商务冷链物流中的冷藏箱主要用于"最后一公里"的配送环节，由于冷藏箱的配备需要一定的资金投入，同时需要配送的冷藏物品的数量及时间并不确定。因此，我国大多数电子商务物流配送企业都没有配置相应的冷藏箱。

4. 制冷自提柜

制冷自提柜是一种集成制冷、物联网、智能识别、动态密码、无线通信等技术的新型冷链物品寄收存储服务设施。制冷自提柜应用的主要场景既是冷链物流末端的配送环节，也是末端配送环节在承受业务量高速增长和人力不足双重压力下出现的解决方案之一。社区的智能冷藏自提柜如图5-7所示。

图 5-7　社区的智能冷藏自提柜

使用制冷自提柜设备后，配送员在一个区域的投递模式由原先的多点分散投递变为一个区域的集中投递，并且实现了"放货即走"，避免了二次投递的成本。同时，使用制冷自提柜对冷链物品的质量也有保障，可以提高电子商务企业的配送服务水平和效率。

制冷自提柜是一种特殊的商用冷柜，是当前电子商务物流快速发展的产物，有很多与众不同的特性和要求，需要针对性地另行规定生产和应用标准。在中华人民共和国国家标准《制冷陈列柜（GB/T 21001）》和行业标准《商用冷柜》（SB/T 10794）的基础上，我国于 2020 年 8 月 20 日又实施了一项行业标准《制冷自提柜（T/CAR 4-2020）》，主要规范了制冷自提柜的温度分类、户外环境相关要求和特有的试验方法。该标准对制冷自提柜的生产制造和应用进行了规范。

第四节　电子商务冷链物流的发展策略

一、电子商务为冷链物流带来的机遇

在新时代的背景下，传统的冷链物流运作模式已不再能满足日益增长的优质优价的市场需求。快速变革的电子商务，对产品冷链物流提出更高的要求，为产品冷链物流带来了新的发展机遇。一方面，以互联网为依托、

先进技术为手段的电子商务为产品冷链物流的发展与创新提供有力的技术支撑。新电商时代，消费者需求已经成为主导，为顺应这一发展趋势，就需要对产品流通供应链系统中的各节点实现协同运作。在新零售大数据技术驱动下，全链条的冷链服务商整合优化资源，冷链产品在生产、加工、运输、包装、销售等各个物流环节从传统单一管理正逐步向全渠道供应链管理方向发展。另一方面，新电商和冷链物流的结合，推动冷链物流企业转型升级实现数字化服务发展。新零售线上线下和物流相结合的方式，有助于减少冷链产品从生产到销售整个流通过程的各种费用，并借助新电商先进的信息手段和网络技术，实现精准化服务，从而进一步推动产品冷链物流的加快发展，同时增强用户体验，提升服务质量。

二、电子商务冷链物流发展中存在的问题

（一）农产品冷链物流基础设施不够完善

2020年中央一号文件提出："安排中央预算内投资，支持建设一批骨干冷链物流基地。"国家发展改革委《关于开展首批国家骨干冷链物流基地建设工作的通知》指出："支持冷链物流基地建设。"在一系列国家政策措施的大力支持下，我国各地冷藏库建设新项目不断涌现，建设了首批国家骨干冷链物流基地、多个省市级区域大型冷链物流中心以及区域性农产品产地仓储冷链物流设施建设项目。从冷库建设规模来看，全国冷库总容量仍将保持逐年递增的态势，冷藏车市场保有量也在逐年攀升。从人均冷库容量来看，当前我国冷链设施供给能力不足，与冷链发达国家相比还有明显差距。冷藏车占货运汽车的比例过低，仍有较大的发展空间。从供需市场的区域分布来看，我国现有冷库供应地区差异性较大，供需不平衡现象明显。我国市场中普遍出现冷库需求旺盛但供给相对不足，而部分地区冷链设施闲置的情况。从冷库供应结构来看，我国低温库占比最高，畜肉类、水产、果蔬冷库多，其他品类冷库少，以大中型冷库为主的国有冷库库龄一般较长，设施设备陈旧，利用率低。

（二）第三方产品冷链物流发展缓慢

我国国家标准《物流企业冷链服务要求与能力评估（GB/T 31086-2014）》明确规定了，从事农产品冷链服务的物流企业可以分为运输型、仓储型和综合型三种类型，并将其服务能力从高到低的顺序排列，依次为五星、四

星、三星、二星、一星5个等级。目前，我国从事冷链物流的相关企业中，除上述类型外，还涌现出其他模式，如配送型、供应链型、电商型以及"互联网+冷链物流"等，这些企业规模普遍较小，服务水平参差不齐，行业集中度不高，且集中分布在华东、华南、华北、华中地区，而西南、西北、北部地区分布较少。此外，第一方、第二方自营型冷链物流占很大比重，大多只覆盖部分核心城市主城区，只有未覆盖到的地方才将业务转交给第三方合作，因此第三方冷链物流企业以中小企业为主，难以开展低温仓储、干线运输等广泛的综合型业务，可提供的增值服务较少，发展滞后，地区影响力和核心竞争力不够强大，无法满足农产品冷链物流迅速发展的需要。

（三）冷链物流标准化和信息化建设薄弱

伴随着数字技术的应用和发展，冷链物流发展环境不断优化，高标准的危害分析与关键控制点（HACCP）、良好生产规范《药品生产质量管理规范》（Good Manufacturing Practice of Medical Products, GMP）得到重视，并在逐步推广应用。在冷链信息设备技术方面，各类智能技术助力规范冷链作业的各个环节在取得较好发展的同时逐渐暴露出存在的问题。

一是围绕生鲜的全程质量控制体系的推广工作在我国刚刚起步，冷链物流各环节的操作规范和技术标准还在建立和完善中，产品质量安全过程监控和测量的有效性有待提高。

二是冷链物流数字化转型是必然趋势，却落实不到企业的实际生产中，最大的阻碍是理念的落后。从行业的整体情况来看，大部分企业的冷链物流业务管理信息化水平相对较低，冷链物流作业的信息收集、处理和发布功能缺失。

三是冷链供应链一体化管理平台尚未建成，缺乏上下游的整体规划和整合，难以实现多个信息系统的集成与协同和信息资源的互通。此外，现有的冷链服务还主要沿用传统方式和手段，与日益精细化的市场消费需求并不匹配，亟须建设标准化、数字化和智能化的冷链物流服务体系。

三．电子商务冷链物流的发展优化方向

（一）加强协调，完善政策

电子商务冷链物流体系的建设离不开政府的规划引导。

一是为适应新零售给冷链物流发展带来的新变化和新要求，需要建立

更加有效的跨部门跨区域全局性的协调工作机制，充分发挥冷链物流行业企业、协会商会和研究院所的作用，促进社会公众的参与，加强多方协同，进一步强化规划实施保障，共同推进新零售电子商务与冷链物流深度融合发展。建立与新发展相适应的监管机制，以人工智能丰富监管手段，积极探索政府与冷链物流企业监管合作新模式，提高行业监管水平。

二是进一步完善政策支持体系，持续优化冷链物流业发展的软硬环境。要充分发挥政策对发展的引导作用，制订出台支持新零售赋能加快冷链物流发展的具体实施方案，鼓励新模式新技术在冷链物流的创新应用。结合区域定位、冷链特点和市场需求量，加强统筹新零售趋势下冷链物流发展规划。建立健全支持发展的政策体系，包括加强冷链物流基础设施建设、优化冷链物流空间布局、完善冷链物流标准体系、加大财税支持力度、增加资金投入、人才培养等方面。推动完善冷链物流工作政策落实机制，加强督促指导，确保扶持政策落实到位。

（二）需求牵引，技术驱动

满足不断升级变化的消费者需求，不仅是电子商务新零售的本质，也是冷链物流发展的最根本的动力。为此，要更新理念，顺应新发展阶段的变革要求。以服务需求为引领，促进冷链物流企业转型升级，实现冷链物流的真正价值。

新零售环境下，不再是传统的单一的销售渠道，增加了各种不同的创新销售场景，而冷链物流这一特殊供应链系统凸显得尤其重要，将成为现代化的流通模式最关键的影响因素。因此，冷链物流服务企业数字化或智能化转型迫在眉睫。要进一步强化技术支撑的理念，深化对现代冷链物流技术的认识，大力营造技术升级创新的浓厚氛围。鼓励冷链物流企业结合自身在生产和管理方面的实际情况，运用云计算、大数据和人工智能等先进信息技术，实现对生鲜从产地到销地的冷链物流运作各个节点资源进行更加高效的协同管理，创新经营模式，降低冷链物流成本，提高运营效率，提升冷链物流企业市场核心竞争力。

基于互联网、区块链等技术，搭建由冷链仓储、冷链运输、冷链快递、冷链贸易、冷链金融、冷链溯源等部分组成的冷链物流公共数字平台，实现数据可视化分析，并以此为基础，整合整个供应链链条上的数据，建立完善冷链物流产品追溯体系，建设覆盖企业生产、加工、储运、销售等冷链物流全过程的监控体系，加大服务器、网络设备等硬件投入力度。

（三）整合资源，提升服务

加快优化冷链基础设施网络建设，冷链仓储方面，持续加大冷藏库建设投入力度，重点建设一批仓储保鲜冷链物流设施、产地冷藏保鲜设施等重大工程项目，有效减少的产后损失，提升冷链设施服务能力。冷链运输方面，深入开展冷藏车财政补贴支持项目，继续保持专业冷藏车保有量的稳步增长，积极推动鲜活运输冷藏车辆通行便利措施，建设冷链运输快速物流"绿色通道"，降低冷链运输成本，提高冷链运输效率。充分整合冷库、冷藏车等冷链物流资源，依托冷链物流公共数字平台，通过大数据分析、人工智能算法等技术手段，围绕市场需求开展资源智能匹配服务，实现冷链资源的精准供给、市场需求的无缝对接。

逐渐壮大第三方冷链物流，促使第三方冷链物流企业逐步成为市场竞争的主体。积极培育龙头企业，鼓励龙头企业引领组建物流集团，打造三方业务统一运营平台，实现覆盖全国的冷链服务网络，发挥规模经济效应。大力发展全程温控运输、保温箱零担运输、预冷保鲜储存等冷链物流增值服务，更好地满足客户个性高端的冷链物流需求。加快冷链第三方供应商专业化信息化建设，能为客户提供降本增效的智慧冷链一体化集成方案，提高对客户需求快速精准的响应能力。

（四）健全标准，规范发展

完善的标准体系是电子商务新零售下冷链物流发展的基础保障支撑。要强化实施落实《冷库管理规范（GB/T 30134-2013）》《冷库安全规程（GB/T 28009-2011）》《冷库节能运行技术规范（SB/T 11091-2014）》《食品冷库HACCP应用规范（GB/T 24400-2009）》等冷链物流基础设施标准，规范冷链物流基础设施的标准管理。建立健全冷链物流的设备标准体系，重点加强冷链物流运输、储存与包装、集装、温湿控等设备的标准管理。我国现行关于冷链物流信息管理的相关标准包括《条码技术在冷链物流过程中的应用规范（GB/T 36080-2018）》《冷链物流信息管理要求（GB/T 36088-2018）》《流通信息管理技术通则（GB/T 37060-2018）》等，要继续加快冷链物流信息管理标准化建设，鼓励企业推进标准的应用与实施。

严格落实冷链物流作业、技术与管理标准，贯彻应用低温仓储作业规范、易腐食品控温运输和冷藏链技术要求、保鲜贮藏管理规范、追溯要求等强制性标准，强化标准执行力度。逐步完善冷链物流服务标准体系，明确冷链物流从业人员的能力要求和业务范围，实现冷链物流运营管理的规范化发展。

第六章　电子商务环境下其他物流发展创新

第一节　电子商务低碳物流

一、"低碳物流"概念的提出

低碳物流是"低碳经济"和"物流"的交集。随着全球气候的变暖，人类的生存和发展环境日益恶化，促使人们越来越关注"低碳经济"的发展。以"低能耗、低污染、低排放"为基础，全球化的"低碳革命"正在兴起，低碳的概念日益深入人心。我国早在 2010 年就在《政府工作报告》中指出，要努力建设以低碳排放为特征的产业体系和消费模式，积极参与应对气候变化国际合作，推动全球应对气候变化取得新进展。这既是兑现我国在哥本哈根气候大会上的郑重承诺，又是我国建设生态文明、实现可持续发展的迫切需要。低碳经济是指在可持续发展理念指导下，通过技术创新、产业转型、新能源开发等手段，改变能源结构，尽可能减少煤炭、石油等高碳能源消耗，减少二氧化碳等温室气体排放，达到经济社会发展与生态环境保护双赢的一种经济发展形态。低碳经济的实质是提高能源利用效率和创建清洁能源结构，核心是技术创新、制度创新和发展观的改变。

低碳经济变革渗透到物流系统内，"低碳物流"的概念开始受到关注。目前还没有关于低碳物流的统一定义，其中有代表性的观点包括：低碳物流（Low carbon Logistics）是以应对全球气候变化为背景，以科学发展观、低碳经济、物流管理等理论为基础，以节能减排、低碳发展为基本要求，抑制物流活动对环境的污染，减少资源消耗，利用先进技术规划并实施低碳物流活动。低碳物流应是物流作业环节和物流管理全过程的低碳化，其内涵体现为绿色加高效。

根据实施低碳物流的不同主体，即政府、企业和住户，低碳物流可以分为三个不同的层面：低碳社会物流、低碳企业物流和低碳住户物流。这三个层面分别关注不同的问题：以政府为主实施的为低碳社会物流，以企业为主实施的为低碳企业物流，以住户或个人为主实施的为低碳住户物流。

我们主要关注低碳企业物流。

绿色物流是和低碳物流紧密相关的概念，但绿色物流的内涵和外延要大于低碳物流。根据《物流术语（GB/T 18354-2021）》的定义，绿色物流是指通过充分利用物流资源、采用先进的物流技术，合理规划和实施运输、储存、装卸、搬运、包装、流通加工、配送、信息处理等物流活动，降低物流活动对环境影响的过程。

二、低碳物流的特征

（一）多目标性

低碳物流系统有一个明确的目的，那就是运用先进的物流技术和管理理念，以减少资源消耗，降低污染物排放，使物流不对环境造成危害。低碳物流的多目标性体现在企业的物流活动要顺应可持续发展的战略目标要求，注重对生态环境的保护和对资源的节约，注重经济与生态的协调发展，以低能耗、低污染、低排放为基础，追求企业经济效益、消费者利益、社会效益与生态环境效益四个目标的统一。

（二）双向性

由于早期人们对效益认识的局限性，使物流各职能相互各自为政，因而传统物流造成了效率低下资源浪费、污染严重的局面。这是与低碳经济模式相抵触的，低碳物流系统有两种流向渠道构成：一种是通过生产—流通—消费途径，满足消费者的需要这是物流流向的主渠道，也称正向低碳物流；另一种是合理处置物流衍生物所产生的物流流向渠道，如回收、分拣、净化、提纯、商业或维修退回、包装等再加工、再利用和废弃物处理等故又称逆向低碳物流。

（三）整体性

低碳物流系统展示了在低碳物流的实现过程中，从技术到一般服务层所应具备的完整的运作基础。传统的物流系统侧重运输等具体的物流操作层面。绿色物流系统则在其中强化了基础服务平台，同时又注重各个子系统之间的相互衔接、相互联系、相互依赖、相互作用和相互制约，从而构成一个有机的整体。这种变化使物流的实质并没有发生改变，但在物品流通传递过程的一些环节所依附的技术发生了变化，因此其相应地改变了物流的形式。

(四) 效益背反性

所谓效益背反是指一个部门的高成本会因另一个部门成本的降低或效益的提高而相互抵销的这种相关活动之间的相互作用关系。换言之，效益背反的原理体现的是一方利益的追求要以牺牲另一方的利益为代价的相互排斥的状态。例如，在低碳物流系统中，减少碳排放的选择虽然降低了环境成本，但必然以低碳技术的投入增加作为代价。

三、回收与低碳物流在实践中的应用

(一) 发展低碳物流的微观途径

要实现低碳物流，重点应该从作业环节入手，力争在每个环节实现低碳化。低碳物流作业环节主要包括低碳运输、低碳仓储、低碳流通加工、低碳包装、废弃物回收等，如图 6-1 所示。

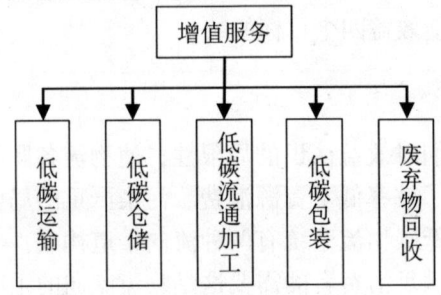

图 6-1 低碳物流的作业环节

1. 低碳运输

众所周知，运输过程中车辆的燃油消耗和尾气排放，是造成环境污染的主要原因之一。另外运输易燃、易爆、化学品等危险原材料或产品也可能引起爆炸、泄漏等事故。低碳物流首先要对货运网点、配送中心的设置做合理布局，同时缩短路线和降低车辆空载概率，实现节约燃料和减少排放的目标。其主要做法如下。

(1) 共同配送。几个中小型配送中心联合起来，分工合作对某一地区的客户进行配送，它主要是指对某一地区的企业所需要物品数量较少而使用车辆不满载、配送车辆利用率不高等情况。

（2）灵活的运输方式。灵活的运输方式是指吸取铁路、汽车、船舶、飞机等基本运输方式的长处，把它们有机地结合起来，实行多环节、多区段、多运输工具相互衔接进行商品运输的一种方式。这种方式能够克服单个运输方式固有的缺陷，从而在整体上大幅提高了运输过程的效率。另外，还可以通过改进内燃机技术、减少燃料消耗或者使用燃气等清洁燃料替换石油，进一步提高能效。在运输过程中，还应当防止泄漏问题，以免对周围环境造成严重污染。

2. 低碳仓储

低碳仓储即仓库要布局合理，以达到节约运输成本的目的。

（1）仓库布局过于密集，会增加运输的次数，从而增加资源消耗；布局过于松散，则会降低运输的效率，增加车辆空载的概率。这两种做法都会大幅增加运输成本。

（2）仓库建设要充分考虑仓库建设对所在地环境的影响。例如，易爆易燃和化学制品的储存仓库不能建在居民区或离居民区太近；有害物质不能建在重要水源附近等。

（3）在新建物流中心时，应该考虑旧有的物流设施，以免建立了新的物流设施，就放弃旧的物流设施，浪费基础设施。

3. 低碳流通加工

流通加工是指物品在从生产地到使用地过程中，根据需要施加包装、分割、计量、分拣、组装、价格贴付、标签贴付、商品检验等简单作业的总称。低碳流通加工主要包括两个方面的措施：一是变消费者加工为专业集中加工，以规模作业方式提高资源利用效率，减少环境污染，如饮食服务业对食品进行集中加工，以减少家庭分散烹调所带来的能源和空气污染；二是集中处理消费品加工中产生的边角废料，以减少消费者分散加工所造成的废弃物的污染，如流通部门对蔬菜集中加工，可减少居民分散加工、垃圾丢放及相应的环境治理问题。

4. 低碳包装

包装是商品营销的一个重要手段，但大量的包装材料在使用一次后就被消费者遗弃，从而造成环境问题。现在比较严重的白色污染问题，就是因为大量使用了不可降解的塑料包装引起的。

低碳包装主要是指采用环保材料、提高材料利用率等的包装。例如，要促进生产部门尽量采用由可降解材料制成的包装；在流通过程中，应采取可折叠式的包装，并建立适当的包装回收制度。

（1）包装模数化。确定包装基础尺寸的标准，即包装模数化。包装模数标准确定以后，各种进入流通领域的产品便需要按模数规定的尺寸包装。模数化包装利于小包装的集合，利用集装箱及托盘装箱、装盘。包装模数如能和仓库设施、运输设施尺寸模数统一化，将利于运输和保管，从而实现物流系统的合理化。

（2）包装的大型化和集装化。包装的大型化和集装化有利于物流系统在装卸、搬迁、保管、运输等过程的机械化，加快这些环节的作业速度，有利于减少单位包装，节约包装材料和包装费用，有利于保护货体，如采用集装箱、集装袋、托盘等集装方式。

（3）包装多次、反复使用和废弃包装的处理。采用通用包装，不用专门安排回返使用；采用周转包装，可多次反复使用，如饮料、啤酒瓶等；梯级利用，一次使用后的包装物，用毕转做他用或简单处理后转做他用；对废弃包装物经再生处理，转化为其他用途或制作新材料。

（4）开发新的包装材料和包装器具。其发展趋势是包装产品的高功能化，用较少的材料实现多种包装功能。

5. 废弃物回收

从环境的角度看，今后大量生产、大量消费的结果必然导致大量废弃物的产生，尽管国内已经采取了许多措施加速废弃物的处理并控制废弃物物流，但是，由于目前处理设施、技术、人力的不足，导致可处理能力有限，待处理的废弃物数量巨大，使得废弃物处理困难，如近年来大量的不可降解包装造成的污染。大量废弃物的出现对社会产生了严重的消极影响，并且会引发社会资源的枯竭以及自然资源的恶化。因此，发展低碳物流必须考虑废弃物方面的物流。

废弃物回收形成废弃物物流，是指将经济活动中失去原有的使用价值的物品，根据实际需要进行收集、分类、加工、包装、搬运、储存，并分送到专门处理场所时形成的物品实体流动。废弃物物流的作用：无视对象物的价值或对象物没有再利用价值，仅从环境保护出发,将其焚化化学处理或运到特定地点堆放、掩埋。降低废弃物物流，需要实现资源的再使用（回收处理后再使用）、再利用（处理后转化为新的原材料使用），为此应建立一个包括生产、流通、消费的废弃物回收利用系统。

（二）发展低碳物流的宏观思路

1. 普及低碳观念

现阶段，人们对低碳经济还比较陌生。因此，要促进我国物流行业健康发展，可以从以下方面着手。

首先，就要普及全民的低碳生活观念，使全社会都能认识到低碳在经济可持续发展中的重要地位，从而积极主动地推进低碳物流的发展。政府一方面可以通过国民素质教育提高公民的低碳意识；另一方面可以通过报刊、电视、网络等各种媒体向公众宣传低碳生活的重要性，提供有益的信息进行引导，使低碳生活理念逐渐得到普及。

其次，更重要的一点是培养企业经营者低碳经济的理念，包括提供低碳产品、低碳包装等。同时，也是非常关键的一个环节是保证商品在流通过程中的低碳化，从而要培养物流企业经营者承担社会责任的意识，使其在运输和仓储等活动中主动减少废气排放、噪声污染和交通阻塞等问题，让其意识到，只有同时实现经济效益、社会效益和生态效益，才能实现企业的长远发展。通过消费者的低碳消费舆论迫使相关企业实施低碳物流管理，同时使大量消费过的物资通过正确途径返回再处理，加强物资的循环利用。

2. 完善相关政策法规

在经济快速发展的同时，我国还先后制定和修订了《中国应对气候变化国家方案》《中华人民共和国节约能源法》《中华人民共和国可再生能源法》《中华人民共和国循环经济促进法》《中华人民共和国清洁生产促进法》《中华人民共和国森林法》《中华人民共和国草原法》和《民用建筑节能条例》等一系列法律、法规。在2021年9月，国家主席习近平在北京以视频方式出席第七十六届联合国大会一般性辩论，提出"中国将大力支持发展中国家能源绿色低碳发展，不再新建境外煤电项目"，进一步强调了我国践行碳中和政策的决心。

中国积极推进节能减排，物流作为国民经济发展的支柱产业之一，也正在加速向低碳、绿色方向转型，用现代科技手段，构建绿色供应链流通体系，实现绿色、高效的智慧物流发展。在数字经济时代，物流行业向低碳、绿色转型，运用互联网和大数据技术，构建物流信息化和数字化水平，实现线上智能化、自动化作业，数字化运营，提升运作效率，降低能耗，是众多企业的选择。物流源以"科技物流,物流科技"为理念,以环保、绿色为核心,致力于为物流上下游企业提供专业的物流高效信息协同平台、数字化、无纸化等解决方案,把控物流订单管理、在途运输、异常监控和对账结算等作业全流程,提升物流运行效率,降低能耗和碳排放,同时节约纸张成本。

3. 逐步开发低碳技术

低碳物流的实现最终要依靠先进的低碳技术,要加快转变经济发展方式,调整优化经济结构,强调大力开发低碳技术,积极发展新能源和可再生能源,提出要努力建设以低碳排放为特征的产业体系。少数高端物流企业应在政府的大力协助下,以清洁发展为目标,以科技进步为手段,积极自主研发低碳能源核心技术,通过与发达国家相关企业合作,引进低碳技术领域的创新思维,配合清洁能源方面的专业知识,开发新型低碳技术,并将这些新型技术应用在物流领域中,从而推进低碳物流的实现。

4. 整合物流有效资源

现阶段,我国物流企业大多规模偏小,较小的经营规模成为现有的物流企业发展的重要制约因素,影响了企业经营效率的提高。在经济社会高速发展的趋势下,物流企业走规模化发展的道路将是企业的需求和企业自身发展的一种必然趋势。规模经营使得物流企业的平均单位经营成本大幅降低,企业的竞争优势得到加强,企业的核心竞争力提高。

通过整合现有资源,优化资源配置,能够提高资源利用率,减少资源消耗和浪费。所以,在当前阶段,通过整合现有物流资源,优化资源配置,提高资源利用率,减少资源消耗和浪费,是当前首要任务,也是企业做大做强的必经之路。只有这样,企业才有时间和精力投入低碳技术的研发中,逐步将低碳物流的发展纳入日程,这既是社会可持续发展所提倡的,也是我国发展低碳物流亟待逾越的障碍。

在电子商务环境下,逆向物流是以消费者为导向,以网络信息技术为基础,以产品回收为核心,将产品从消费者手中回收到企业的过程。电子商务逆向物流管理需要从事前和事后两个视角,以预防和减少为基础,同时采用合适的方式高效处理不可避免的逆向物流。低碳物流是"低碳经济"和"物流"的交集。要实现低碳物流,重点应该从低碳物流的作业环节入手,力争在每个环节实现低碳化。低碳物流作业环节主要包括低碳运输、低碳仓储、低碳流通加工、低碳包装、废弃物回收等。

第二节　电子商务逆向物流

近年来，随着人们环保意识的增强及环保法规约束力度的加大，逆向物流（Reverse Logistics）引起了人们的重视，国内外学术界展开了不同层面的研究和讨论。在电子商务环境下，随着逆向物流的经济价值逐步得以显现，许多企业将逆向物流战略作为降低成本、提升顾客满意度、强化竞争优势的重要手段。

一、逆向物流概述

（一）逆向物流的概念

逆向物流是相对传统意义上的正向物流提出的，不同的机构和学者从不同角度对其给出了不同的定义，一般是指产品或者原材料因为各种原因从消费者或供应链下游合作者手中返回，并对其进行处理和再利用的整个过程，整个流程正好与传统意义上的正向物流相反。随着电子商务环境的改善，电子商务本身所具备的巨大优势逐步凸现出来，网上销售和网络购物在许多国家受到追捧。网上消费人数和消费数量猛增，网上销售额成倍增长。与网上销售增加相伴的是回流商品的不断增加，有效管理电子商务中的逆向物流，成为许多在线经营企业必须面对的问题。但是在实践中，逆向物流的管理是一个非常复杂的问题，许多企业逆向物流的管理和利用并不理想，尤其是当逆向物流和电子商务联系在一起时就会显得更为复杂。

"逆向物流"这个名词最早出现在1992年，有学者认为逆向物流是一种包括了产品退回、物料替代、物品再利用、产品废弃处置、再处理、维修与再制造等流程的物流活动。2002年，美国物流管理协会（The Council of Logistics Management，CLM）在其公布的《供应链全景—物流词条术语（2003年9月升级版）》中，将逆向物流解释为，由于修理和信誉问题，对售出及发送到客户手中的产品和资源的回流运动实施专业化的物流管理。并对逆向物流的定义为计划、实施和控制原料、半成品库存、制成品和相关信息，高效和成本经济地从消费点到起点的过程，从而达到回收价值和适当处置的目的。

《物流术语（GB/T 18354-2021）》中将逆向物流定义为：从供应链下游向上游运动所引发的物流活动。同时，将逆向物流分解为两大类：①回收物流（Returned Logistics）。不合格产品的返修、退货，以及周转使用的包装容器从需方返回到供方所形成的物品实体活动。②废弃物物流（Waste Material Logistics 将经济活动中失去原有使用价值的物品，根据实际需要进行收集、分类、加工、包装、搬运、储存，并送到专门的处理场所时形成的专门的物品实体活动。

（二）逆向物流的特征

与传统的正向物流相比，逆向物流在实际运行操作中有许多不同之处。总体而言，逆向物流具有如下特征。

（1）缓慢性。逆向物流的缓慢性主要体现在逆向物流量积累速度的缓慢、处理过程的复杂和回收物品价值恢复的缓慢。逆向物流涉及的物品起初数量少、种类多，要通过不断汇集才能形成较大规模的流动。同时，废旧物资的收集和整理不但是一个较复杂的过程，而且废旧物资的产生需要经过加工、改制等环节，并不能立即满足人们对它的价值恢复的要求，这一系列过程需要较长的时间。

（2）不确定性。逆向物流的来源是很分散的，涉及社会的每一个角落，其次逆向物流的需求时间和需求数量不确定，预测十分困难。另外，有时候逆向物流的目的地也是不确定的，导致逆向运输等的不确定性。

（3）混杂性。回收的产品在进入逆向物流系统时往往难以划分，因为不同种类、不同状况的废旧物资常常是混杂在一起的。另外，由于资源利用方式的不同，不同处理手段对恢复资源价值的贡献也有显著的差异等。逆向物流与正向物流的区别，见表 6-1 所示。

表 6-1 逆向物流与正向物流的区别

正向物流	逆向物流
预测较为容易	预测较为困难
分销模式为一对多	分销模式为多对一
产品质量均一	产品质量不均一
产品包装统一	产品包装多已损坏
运输目的地、线路明确	运输目的地、线路不明确
产品处理方式明确	产品处理方式不明确
价格相对一致	决定价格因素复杂
服务速度的重要性得到认同	服务的速度经常被忽视

续表

正向物流	逆向物流
正向的分销成本相对透明可见	逆向的成本多为隐性的
库存管理统一	库存管理不统一
产品生命周期的可控性	产品生命周期较复杂
供应链各方可进行直接谈判	供应链各方谈判障碍较多
已有现成的经销模式	营销受多种因素影响
操作流程更加透明	操作流程相对不太透明

（三）逆向物流的价值

逆向物流能够为企业及供应链带来经济价值和环境效益，其作用主要体现在以下几个方面。

1．改善和提高顾客价值，增强企业战略竞争优势

逆向物流管理可以改善和提高顾客价值，增强企业战略竞争优势。市场环境的巨大变化已经戏剧性地改变了企业的经营哲学，企业开始从"以产品为中心"转变为"以顾客为中心"在当今买方市场的经济环境下，企业竞争优势归根结底产生于客户创造的价值，顾客价值是决定企业生存和发展的关键因素。对顾客来说，逆向物流的成功运作能够确保不符合订单要求的产品及时退货，保证有质量问题的商品能够及时被召回，增加其对企业的信任感。相对而言，这种企业在市场上更具有强大的竞争优势。

2．完善企业质量管理体系，提升管理水平

现代企业的质量管理很多属于一个闭环式活动，包括计划、实施、检查、改进，逆向物流恰好处于检查和改进两个环节上，承上启下，作用于两端。企业在退货中暴露出的质量问题，将通过逆向物流信息系统不断传递到管理层，管理者可以在事前不断改进质量管理体系，以根除产品隐患。从某种意义上来说，产品与服务的质量是取信顾客的决定性因素。产品质量和服务质量的提高是永无止境的，只有不断改进和创新企业质量管理体系，才能满足市场需求，为客户创造价值，并最终实现企业价值。

3．降低企业成本，创造成本优势

随着对物流研究的深入，成本过高的问题日益受到关注。有数据显示，我国物流成本约占 GDP 的 20%。可以说，物流成本居高不下不仅影响了我国企业和产品的竞争力，甚至在宏观层面上影响了国民经济的总体运行水平。减少物料耗费，提高物料利用率，既是企业控制物流成本的重点，也

是企业增效的重要手段之一,而传统的物料管理模式将关注的焦点放在企业生产体系内的物料使用上,忽视了企业生产体系外废旧产品及物料的有效利用,造成了大量可重复使用资源的浪费和闲置。由于废旧产品回收价格低、来源充足,对这些产品进行回购加工可大幅度降低企业的成本。另外,如果退货占企业销售量的比例较大,若能较好地控制逆向物流系统,也可以提高企业对退货的重新利用率,极大地降低成本,提高收益率。

4. 改善企业的环境行为,塑造企业形象

随着生活水平和文化素质的提高,人们的环境意识日益增强,消费观念发生了巨大变化,顾客对环境的期望值越来越高。另外,由于不可再生资源的稀缺以及对环境污染日益加重,各国都制定了相应的环境保护法规,为企业的环境行为规定了约束性标准。企业的环境业绩已成为评价企业运营绩效的重要指标。为了改善企业的环境行为,提高企业在公众中的形象,许多企业纷纷采取逆向物流战略,以减少产品对环境的污染及资源的消耗。

5. 借助互联网获取有效信息

在互联网环境下可以通过 E-mail 或销售网站问卷等方式收集消费者信息、退货信息记录、有害产品的召回、过期产品的提醒等数据,以便企业能够及时掌握产品的销售、使用状况及消费者预期等信息,从而进行科学分析,做出相应经营决策。当然,逆向物流在给电子商务带来利润的同时,也给它提出了特殊的挑战。退货的增加造成物流利润中,正向物流所产生的效益被不合理的逆向物流支出抵销。

(四)逆向物流产生的原因

由于电子商务在线经营的特殊性,引起退货的原因和传统经营中产生的原因相似但去相同。电子商务中,逆向物流产生的影响因素主要有以下几个方面。

1. 法律、法规

为了保护环境,促进资源的循环利用,同时为了规范网站行为和保护消费者的利益,许多国家已经立法,明确规定电子商务网站必须采取退货政策。这些法律、法规除来自政府制定外,还可能来自某些协会或者兴趣团体发起的要求规定。

2. 信息不对称

在电子商务模式下，客户往往只能看到商品的电子图片或者电子发明书，从视觉上感知商品，不能全面了解所购商品的特性。当收到商品时，发现实物与在同上看到的不一致，就会导致大量逆向物流。

3. 消费者驱动

消费者在线购物时，购买了自己不想购买的商品而引起的退货，或消费者收到商品后，希望获得更好的产品型号而引起的退货。另外，零售商或者分销商将手中积压、滞销或者过季的商品退还给供应商而引起的退货。

4. 竞争驱动

商家为了在激烈的市场竞争中吸引更多的消费者，往往会竞相推出各种优惠的退货条件，如"不满意就退货"等。这些优惠措施在方便消费者的同时，也造成了大量的回收物流。

5. 商品本身原因

引起这类退货的原因有商品存在瑕疵或者质量问题，商品接近或超过保质期，在配送过程中产生的损伤商品或错配商品等。

二、电子商务环境下的逆向物流的运作模式

电子商务环境下的逆向物流运作模式主要有：自营、联营和外包模式。

（1）逆向物流自营模式，如图6-2所示。

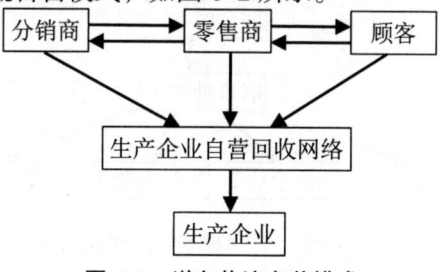

图6-2 逆向物流自营模式

电子商务环境下企业逆向物流自营模式是指生产企业建立独立的逆向物流体系，自己管理退货和瑕疵产品的回收处理业务。自营模式的适用范围：适合分布范围较广的回流物品。顾客向在线客服（或在线卖家）提出网上退货申请。在线客服收到申请后通知生产企业，由他们上门检验并回收退货产品，交由自建回收处理中心验收。验收后将货款退给在线客服（或

在线卖家），在线客服（或在线卖家）再通过网上结算软件将货款退还给顾客。逆向物流自营模式优缺点，见表6-2所示。

表6-2 逆向物流自营模式优缺点

优点	缺点
能使资源高效地回收到本企业中来	一旦企业停产或转型，就会出现设施、人员的闲置，设备的利用率不高
自营模式降低了企业的交易成本	不会产生规模经济，导致运输成本的上升，使企业的经营成本随之上升
避免了出现机密泄漏的现象	从经营风险上考虑，对一些规模较小的企业而言，能控制好正向物流环节已属不易，若再兼顾逆向物流业务，则会使精力、资金和人员较为分散
能够快速高效地将不合格产品召回，并在第一时间对客户的投诉做出反应，提高客户的满意度，提升自身的市场竞争力与品牌价值	要求企业具备高素质、专业化的逆向物流的技术人员及管理人员，因而企业需要耗费大量财力对企业物流方面的人才进行招募和培养
检验分析回收物品或不合格产品，可以了解哪些产品、哪些性能容易出现问题。企业可以及时改进，并有力控制缺陷率	
可利用原有的物流网络，使原有设施发挥最大作用，同时使正向物流与逆向物流协调进行	

（2）逆向物流联营模式，如图6-3所示。

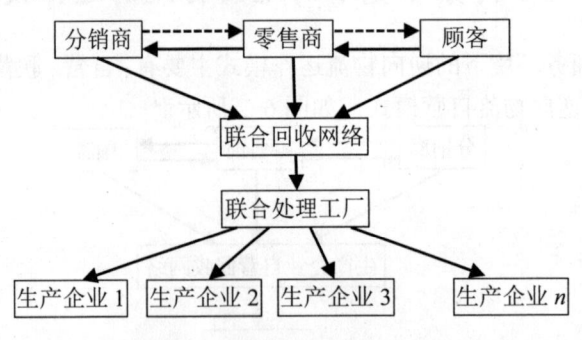

图6-3 逆向物流联营模式

在电子商务环境下逆向物流联营模式是指生产企业与第三方逆向物流企业，以及其他生产相同产品或者相似产品的同行企业结成战略合作伙伴关系，共担风险，共享收益，共同完成逆向物流。联营经营模式的适用范围：适合联营模式的物品主要是生产或消费后的废旧物品。顾客向在线客服（或在线卖家）提出网上退货申请，在线客服收到申请后通知联合回收中心，由他们上门回收退货产品，再交由联合处理中心验收。联合处理中

第六章　电子商务环境下其他物流发展创新

心验收后通过退货信息系统将退货信息传递给生产企业，生产企业将货款退给在线客服（或在线卖家），在线客服（或在线卖家）在通过支付宝等网上结算软件将货款退还给顾客。与此同时，退货产品由联合处理中心退至生产企业。逆向物流联营模式优缺点，见表6-3所示。

表6-3　逆向物流联营模式优缺点

优点	缺点
成本低	产品回收的信息反馈滞后，逆向物流发生不确定性的特征给企业技术的及时改进带来了困难
专业化程度高	可能会出现排队等待现象，联盟内部成员相互抱怨，会使企业的利益受损
可以实现信息共享优化企业资源配置	对于非物流企业来说，在物流管理上很难赶上专业水平。而且，由于交易范围的限制，物流合理化所追求的规模化、网络化目标也难以实现，限制了物流潜能的进一步发挥

（3）逆向物流外包模式，如图6-4所示。

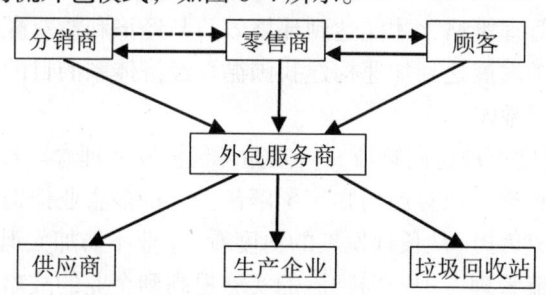

图6-4　逆向物流外包模式

电子商务环境下逆向物流外包模式是指生产企业通过协议形式将其回流产品的回收处理中的部分或者全部业务，以支付费用等模式交由专门从事逆向物流服务的企业负责实施。外包模式的适用范围：适合逆向物流的绝大多数情况，无论是产品退货、维修（召回），还是报废之后废旧物品的回收。顾客向在线客服（或在线卖家）提出网上退货申请，在线客服收到申请后通知第三方物流企业（快递公司等），由他们上门检验并回收退货产品，第三方物流企业验收后通过退货信息系统将退货信息传递给在线客服（或在线卖家），在线客服（或在线卖家）再将退货信息传递给企业。企业收到信息后将货款退给在线客服（或在线卖家），在线客服（或在线卖家）再通过支付宝等网上结算软件将货款退还给顾客。在退款同时，退货产品由第三方物流企业经在线客服（或在线卖家）退至生产企业。逆向物流外包模式优缺点，见表6-4所示。

表 6-4　逆向物流外包模式优缺点

优点	缺点
有助于企业集中精力致力于核心业务,提升自身竞争力	可能存在生产专利泄露的风险
降低了本企业的成本	给生产企业的选择决策带来了一定的难度
增加企业生产的柔性化	成本预算的不确定性
可以减少产品在回收或分销到市场中时的不确定性风险,减少了对逆向物流设备的投资,降低了成本	可能有过度依赖外包的风险
供需双方及自身达到"三赢"的局面	

三、电子商务环境下逆向物流的管理策略

环境效益与经济利益的结合是企业实施逆向物流的总体目标,但是企业在实施逆向物流过程中存在上述诸多障碍,因而,在具体运作时,只有采取有效的管理策略,才能达到环境效益与经济利益双赢的目标,从而通过逆向物流的发展达到加速构建我国循环经济体系的目的。为此,应该从如下几个方面考虑。

(1)高度重视逆向物流,树立循环经济发展理念。长期以来,企业较为重视正向物流,而对逆向物流了解甚少。许多企业把退货、回收等逆向物流行为看成负担。从长远发展的角度看,企业不妨加大退货与回收力度,重视逆向物流管理,把逆向物流的实施提高到企业的战略地位上来,这对企业提高竞争力、拓展市场都有好处。另外,企业还要考虑逆向物流的运作模式。企业应根据物流需求量、企业实力及地区特点等实际情况,选择建立逆向物流系统的方式。循环经济下的循环物流系统结构,如图 6-5 所示。

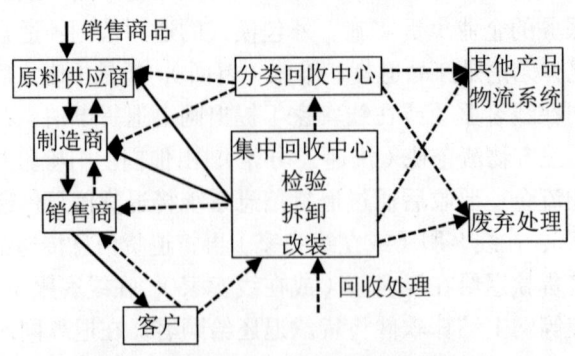

图 6-5　循环经济下的循环物流系统结构

(2)加快逆向物流法律法规建设,强化政府在逆向物流中的作用。逆

向物流的本质在于对废弃资源进行回收、处置，以重新获取其使用价值，减少对生态环境的污染和破坏。循环经济是将清洁生产、资源循环利用、生态设计和可持续发展等融为一体来实现减量化、资源化和无害化。基于循环经济的理念，为实现逆向物流快速、稳定、持续与规范发展，应尽快制定有关逆向物流法律法规。政府要充分发挥自身的组织、协调与规划职能，着力建设公平、开放、有序的市场环境，为企业发展逆向物流创造良好的外部条件，强化循环经济意识，促进逆向物流发展。只有让企业处于环保责任的约束下，废弃物的回收利用才有资金和组织保障。生产和流通企业作为固体废弃物排放的主体，必须对自己的行为负责，建议政府有关部门通过法律明确生产和流通企业回收利用的责任与义务，政府可建立逆向物流系统激励机制进行补偿和鼓励。逆向物流系统激励机制包括补贴政策、税收优惠政策、政府采购和产业引导等。

（3）加强逆向物流的入口控制，压缩逆向物流周期。逆向物流的入口是一个关键点，判定产品是否应该进入逆向物流渠道，以及初步决定回流产品在渠道中的流向、处理方法都是在入口需要做的把关工作。成功的制造商一定会通过高质量的售后服务来满足顾客，而高质量的售后服务通常包括宽松的回流政策，如退货、全额退款等。然而有些消费者就会滥用这一政策，将不符合退货规定的产品企图退还企业，因而企业要守好这道关，从根源上减少逆向物流成本的发生。逆向物流成功管理的另一个关键因素就是产品的回流周期要短，即产品从进入逆向物流系统到对其处理完毕所用的时间要短。由于退货是例外驱动过程，因此减少与退货决定、移动和处理相关的时间很不容易。在确定产品处置时，企业不但要谨慎地制定决策机制，而且应实行有效客户响应，以减少各个环节的处理时间。

（4）建立有效的逆向物流管理系统，建立逆向物流信息网。企业对逆向物流不够重视，所以很少在逆向物流服务这一领域投资开发，从而导致我国到现在还没有建立有效的逆向物流管理系统。企业应整合现有信息资源网络，建立一个全国性的逆向物流信息网络，搭建企业与产业、社会、个人之间良性沟通平台。通过物流信息管理系统网络，废弃物的产生者和需求者能共享信息资源，使循环经济的企业层次的小循环、企业间的中循环、企业和社会大循环三个层面的循环有机协同起来，形成循环经济物流领域的全社会统一大市场，从而实现逆向物流的经济效益、规模效益和社会效益。基于物联网的逆向物流管理信息系统功能结构，如图6-6所示。

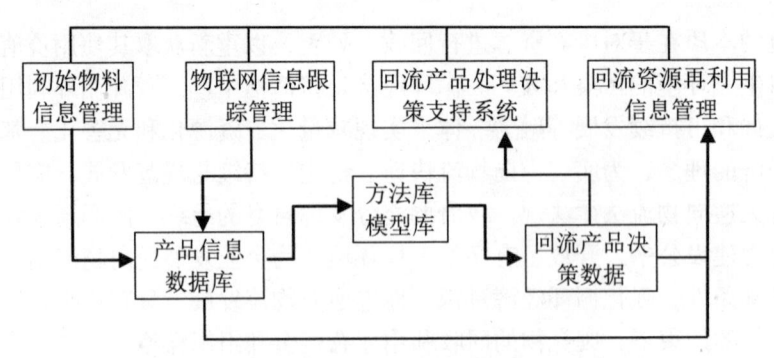

图 6-6　基于物联网的逆向物流管理信息系统功能结构

（5）加大逆向物流科技投入力度，积极推进技术创新。由于我国科学技术水平有限，无法对回收的废弃物进行充分的再利用，或者再利用的成本比较高。对这一点，需要增加对资源回收利用科技开发的投入，加强教育和培训。同时加强国际合作，引进国外先进的技术、设备、人才和资金，从而提高我国回收逆向物流的再利用水平。我国在大力倡导自主创新的同时，应加大逆向物流领域相关技术的研发力度。

首先，应鼓励企业改进产品设计，提高产品质量，实现绿色制造，把好逆向物流的入口关。

其次，由于产品的回流是不可避免的，政府应鼓励企业为处理回流产品作好预案，在产品的设计之初就应考虑如何使得回流产品后续处理简单易行，便于产品的翻新、再制造和原料的回收利用。

最后，应重点组织对延长生产链和相关产业链的连接技术、回收和再利用等技术的研发，提高逆向物流的处理效率，降低逆向物流成本，减少环境的污染。

（6）引入第三方逆向物流管理。对单位价值比较低，处理设备及过程比较简单，同时将具有规模经济的产品，如包装物、酒瓶等，可交由第三方物流公司做。一般来说，第三方物流公司在专业技术、综合管理和信息等方面具有显著优势，通过把逆向物流业务外包给第三方企业，实现专业分工、提高运作效率。

四、电子商务环境下逆向物流的管理模式

逆向物流是指商家客户委托第三方物流公司将交寄物品从用户指定所在地送达商家客户所在地的过程。逆向物流过程由商家客户推动，物流费

用采取商家客户与第三方物流公司统一集中结算的方式。整个过程需要商家客户与物流公司双方的企业资源计划对接系统支持。

（一）正向物流与逆向物流一体化管理模式

实践中供应链流程往往是双向的，既包括正向物流，也包括逆向物流。逆向物流与正向物流相比，也需要经过运输、加工、库存和配送等环节。大多数企业很关心管理物流的正向部分，对管理逆向物流的投入很有限，当两者发生冲突时，常常会放弃逆向物流。要有效地管理逆向物流，就必须统一规划正向物流与逆向物流，考虑货物的双向流动。大型制造企业可建立自己的逆向物流中心，负责安排废弃产品的收集、分拆、处理、退货等工作。逆向物流系统的主要任务是收集和运送废旧物品及退货。该系统既可以建立在原有的传统物流渠道上，也可以另外单独重建，或是将传统物流与回收退货物流系统整合在一起。

（二）横向结网设立集中返品中心管理模式

集约化处理已成为逆向物流管理的主导方式。目前，外国跨国企业的配送中心都设有专门的退货集中地，逆向物流流程中所有的产品都会被先送到这里，经过分类、处理后，再送到其最终的归属地。一般而言，返品中心的活动与逆向物流资讯系统的指令是一致的。我国除个别大型企业有实力设立自己的集中返品中心外，大部分企业都属于中小型企业，自身没有实力去建立返品中心，因此可以考虑用几家合伙的方式来建设返品中心。另外，我国行业协会在管理逆向物流的过程中，也可以发挥其独特的作用，将类似的很多企业联合起来共同面对逆向物流的问题，从而实现规模效益和技术进步。

（三）构建供应链集成的逆向物流管理模式

构建供应链集成的逆向物流管理模式也就是在供应链的网络内构建企业的逆向物流系统。成功的供应链管理确实能使企业在激烈的市场竞争中，明显地提升企业的核心竞争力。

无论何时，企业的生存与发展必须依靠供应链上的每个节点，包括其上游供应商和下游顾客，由此来倾听顾客的呼声，并满足顾客的退货需求。逆向物流是一个复杂的运动过程，牵涉供应商、制造商、中间商等节点企业和顾客，如果其中有某一节点企业没有处理好退货问题，就会影响供应链的整体绩效，因此企业要实施逆向物流，还必须与供应链上的其他企业合作，建立契约式合作的战略伙伴关系。

（四）逆向物流外包管理模式

第三方逆向物流已经成为逆向物流发展的趋势。随着大型企业的脚步逐渐向边缘地区延伸，有些销售网络的布局相对分散，企业不利于设立自己的返品中心对逆向物流实行集中管理。出于经济效益的考虑，制造企业可委托从事第三方物流的公司承担逆向物流管理业务。这些公司由此逐步发展成为以逆向物流管理为主的专业化公司。对我国大部分中小企业而言，无力投资进行逆向物流系统的建设，第三方逆向物流就显得尤为重要。对大型企业而言，为了集中精力形成核心竞争力，非常有必要将部分或全部逆向物流活动外包。

（五）逆向物流联盟管理模式

物流联盟是为了达到比单独从事物流活动所取得的更好效果，企业间形成的相互信任、共担风险、共享收益的物流伙伴关系。在现代物流中，是否组建逆向物流联盟，可以作为企业物流战略的决策之一。选择的联盟厂商，应与本厂商目的相同或相似，且在运输的产品、路线等方面比较接近，同时还应对潜在联盟伙伴的成本状况、长期发展的能力、信誉等进行评估，看其是否能够帮助厂商提高灵活性，并能充分利用运输和仓储的规模经济降低成本。

五、电子商务环境下如何控制逆向物流

逆向物流面向终端顾客，代表着企业的经营水准和信誉形象。电子商务逆向物流管理需要从事前和事后两个视角，以预防和减少为基础，同时采用合适的方式高效处理不可避免的逆向物流。

（一）优化网上交易环节，预防或减少逆向物流

为有效降低可避免的逆向物流，在线零售商必须完善和优化在线购物环节，减少逆向物流量，从源头减少退换货现象的发生。

（1）全面展示在线商品的相关信息，克服信息不对称的弊端。除做到

语言描述准确、商品图像清晰、服务项目（标准）完备外，还应该综合运用平面式、互动式以及360°全景展示等技术,向顾客全面展示商品的性能、外观、特点等相关信息。

（2）采取有效措施，避免顾客一时冲动而购买产品。例如，通过网页或产品包装提供详细的退换货说明和政策；在"购买"键旁边创建"取消"键，允许顾客在一定时间内取消自己的订单；提供商品对比功能，使顾客在充分的对比选择过程中，挑选到最满意的商品。

（3）提供自助式在线补救措施。当顾客有退换货意愿时，可登录退换货系统。系统根据顾客要退换的商品和原因，为其提供一些解决问题的有效策略，由顾客自行选择。一般来说，这些策略可以减少 20%~40%的退换货逆向物流。

（4）增强在线交易的互动性和体验性。对计算机等特殊的商品，可提供在线自主配置的互动功能；对服装鞋帽等需要充分体验后才能做出购买决定的商品，可创设"网上试衣间"在线体验系统，以帮助顾客挑选自己真正需要的商品。

除此之外，企业还要注意加强逆向物流的起点控制。企业可以通过对其销售人员进行培训以及建立退换货控制系统，在逆向物流流程的起点入口对有缺陷或无依据的回流商品进行审查，把好逆向物流的入口关。

（二）完善退换货管理体系，提高逆向物流管理效率

对不可避免的退换货逆向物流，在管理上应实施积极的退换货政策，在操作上要加快退换货的处理速度，并采用合适的返品处理方式。

（1）实行积极的退换货政策。一方面要制定合理的退货价格，如按原批发价进行全额退款或按批发价打折等方式确定退货价格，使供应商和零售商的总体利益达到最优；另一方面，要确定最佳的退换货比率，通过采用发货时给予数量折扣或价格折扣，协商确定退换货的比率，以降低退换货逆向物流的不确定性，较好地平衡成本和收益。

（2）建立逆向物流信息系统。一个成功的逆向物流计划在很大程度上取决于收集有意义的信息，这些信息可以在追踪成本时帮助管理退货过程。同时，逆向物流信息系统将会由于退货而为公司赢得信用，改进现金流管理，从而挖掘新的利润源，增强客户的满意度。一个有效的逆向物流信息系统应该具备以下功能：①具备对退货信息的归类和分别处理，能够追踪

每次退货的原因,并且为最后处理分配一个编码,如设立退货原因代码和处置代码等,实现退货商品的实时跟踪和评估。②建立基于 EDI 系统设计的信息系统,实现制造商和销售商之间退货信息的交流共享,以便双方随时查询到其所需要的信息,提高退货的处理速度,使退货在最短的时间内得以分流,节约大量的库存成本和运输成本。

(3)建立集中退货中心(CRCS)。集中退货中心是一个逆向物流渠道上的所有产品的集中设施,这些退货在 CRCS 进行分类、处理,然后被装运到下一个目的地。CRCS 的运用使得快速高效地处理退货成为可能,它不仅有效改进退货处理,而且可以降低库存水平、改进库存周转。在处理过程中,还可以形成目标一致、富有经验的专业团队,并且改善企业最终的绩效。目前,已经有越来越多的零售商和制造商开始意识到它的价值。与传统退换货流程相比,基于第三方的集中退货中心既不需要自己建立退换货仓库,顾客也不必将退换货商品运到在线商家,能够大幅减少运输费用,缩短退换货周期,提高退换货效率。

(4)做好返回商品的再处理工作。对缺乏最新功能,但可以使用的商品,应及时入库,以备更新后再次使用;对尚处在保修期的返回商品,要在比较维修和新建成本的基础上,进行直接调换或集中整修后另行销售;对返回的状态良好的零部件,既要整理入库供维修使用,也可通过二手零部件销售渠道进行处理;对质量、包装状态良好的返回商品,应及时进行再次销售。

第三节 电子商务精益物流

一、精益生产的产生

精益生产最早源自日本丰田汽车公司。第二次世界大战结束不久,美、欧的等发达经济体在世界汽车工业中占据着绝对的统治地位。当时流行的汽车生产模式是以美国福特汽车公司为代表的大量生产方式。这种生产方式以流水线形式,少品种、大批量生产产品,企业纵向一体化程度较高。在当时,大批量生产方式即代表了先进的管理思想与方法,大量的专用设备、大批量生产是降低成本、提高生产率的主要方式。欧洲受美国的影响引入了批量生产的方式,但欧洲各国面积小、人口少而且消费风格不一,市场无法支持纯美国式的大批量生产，所以采用了修正的大批量生产模式，注重市场需求的多样化，将规模经济与产品种类进行了相互平衡，企业的纵向一体化程度较低。

与处于绝对优势的美、欧经济体的汽车工业相比，日本的汽车工业则处于相对幼稚的阶段，丰田汽车公司从成立到1950年的十几年间，总产量甚至不及福特汽车公司1950年一天的产量。于是，日本派出了大量人员前往美国考察。丰田汽车公司在参观美国的几大汽车厂之后发现，采用大批量生产方式在降低成本方面仍有进一步改进的余地，并且当时的日本企业面临着国内需求不足与技术落后等严重困难，加上战后日本国内的资金严重不足，难有大量的资金投入以保证日本国内的汽车生产达到有竞争力的规模。因此，他们认为在日本进行大批量、少品种的生产方式是不可取的，而应考虑一种更能适应日本市场需求的生产方式。

以丰田汽车公司的大野耐一等人为代表的精益生产的创始者们，在不断探索之后，终于找到了一套适合日本国情的汽车生产方式：及时制生产、全面质量管理、并行工程、充分协作的团队工作方式和集成的供应链关系管理，逐步创立了独特的多品种、小批量、高质量和低消耗的生产方法。丰田生产方式反映了日本在重复性生产过程中的管理思想，那就是：通过生产过程整体优化，改进技术，理顺各种流，杜绝超量生产，消除无效劳动与浪费，充分、有效地利用各种资源，降低成本，改善质量，达到用最少的投入实现最大产出的目的。

1973年的石油危机，使日本汽车闪亮登场。20世纪80年代，日本的汽车工业超过了美国，产量达到了1 300万辆，占世界汽车总量的30%以上。世界汽车工业格局的变化以及丰田汽车公司的卓越表现，极大地震动了西方企业界尤其是美国企业。在政府和企业的大力资助下，美国企业管理领域的学者们开始深入研究日本企业的成功秘诀，同时开始反思美国企业现存管理思想和生产制造方式的不足。1985年，美国麻省理工学院的詹姆斯•P. 沃麦克（James•P. Womack）和丹尼尔•T. 琼斯（Daniel•T. Jones）等50多位专家，用了近5年时间，对17个国家的90多家汽车制造企业进行了比较分析，并在1990年出版了名为《改变世界的机器》(*The Machinethat Changed the World*)一书。书中总结了丰田汽车公司的生产方式，指出它的重大历史意义，认为这是制造业的又一次革命，并对臃肿的大多数美国企业提出了"精简、消肿"的对策，把日本取得成功的丰田生产方式

(Toyota Production System) 称为精益生产（Lean Production）。

二、精益思想的产生

1996年，詹姆斯·P.沃麦克和丹尼尔·琼斯把《改变世界的机器》一书中介绍的精益生产方式精练为精益思想，并出版了《精益思想》一书。该书提出企业在不增加资金投入、保持稳定就业的情况下不断提高生产率和增加销售额的具体办法，并概括出将大批量生产转变为精益生产要做到的五个步骤：①确定价值，不是由企业自己来定义，而是从客户的角度出发来定义价值；②分析价值流，看为了实现用户价值需要有哪些工作环节，从中可以看出现有的工作环节哪些是有价值的，哪些是没有价值的，是可以去掉的；③使形成价值流的工作环节流动起来，消除排队与等待；④由顾客的购买计划来开展整个的生产过程，也就是说，按照订单生产；⑤通过不断的努力使生产过程趋近于完美。

精益思想强调"以越来越少的投入——较少的人力、较少的设备、较短的时间和较小的场地——获取越来越多产出的方法，同时也越来越接近用户，提供他们确实需要的东西"。

精益思想打破了传统的思维模式，不是从企业或组织自身出发，而是从客观实际出发，从顾客的需求出发，抓住了事物发展的本质。对于企业来说，它的存在价值不是由自己说了算，而是能不能得到市场的认可，它的发展动力来自它所服务的对象，来自客观需求，在这个基础上，如何使企业能够高效率地完成它的使命，精益思想提供了一种全新的思路，即以流动为核心的思想。如何最大限度地消除浪费，尤其是时间上的浪费。通过改变人们的思想来改变原有的组织模式，打破传统的以部门为单位的组织模式，以一种全新的精益组织模式来减少工作从一个部门到另一个部门的等待时间。

三、精益物流理论的主要内容

精益物流理论从精益生产和精益思想理论演变而来。物流学家将精益生产与精益思想理论运用到物流管理中，从物流管理的角度进行了大量的借鉴工作，提出了精益物流的新概念。精益物流的实质是精益思想在物流领域中的应用。

（一）精益物流的基本原则

精益物流的基本原则可以从以下几个方面进行深度分析与阐述。

从顾客而不是企业或职能部门的角度研究价值。精益物流强调以顾客的需求为出发点，仔细研究顾客对产品和服务的具体需求，以及他们对时间和成本等方面的考量，从而为顾客提供最优质的物流服务。这一原则改变了传统从企业或职能部门角度出发的管理方式，将关注的焦点从企业内部转向了外部的顾客需求。

根据整个价值流的需要来确定供应、生产和配送产品活动中所必要的步骤和活动。精益物流追求的是整个价值流的优化，它关注的不只是单个环节的效率，而是整个供应链的协同和配合。通过对整个价值流的分析，企业可以找出不必要的物流活动和环节，并通过改进设计、计划和控制方式，提高整个流程的效率和效益。

创造无中断、无绕道、无等待、无回流的增值活动流。这一原则强调的是物流过程中的"直通"概念，即尽量减少产品在途中的停顿和重复，实现产品从供应商到顾客的直接流动。这样可以减少库存、降低成本，同时提高物流效率和响应速度。

及时创造仅由顾客拉动的价值。这一原则强调以顾客的需求为导向，只有在顾客需要的时候才进行产品的生产和交付。这种准时化的生产方式可以减少浪费，提高顾客满意度。

不断消除浪费，追求完善。精益物流的核心目标就是减少物流过程中的所有浪费，包括库存、运输成本、等待时间等。通过对物流流程的持续改进和优化，精益物流追求的是将浪费降到最低，同时不断提高物流服务过程的增值效益。

这些基本原则是精益物流的核心指导思想，它们共同构成了精益物流的基本框架和运作准则。在实施精益物流的过程中，企业需要始终以这些原则为指导，不断优化自身的物流管理体系，提高物流效率和顾客满意度。

（二）精益物流的目标

1. 提高顾客满意度

精益物流以顾客需求为导向，力求提供高质量、低成本、准时和高效的物流服务，以满足顾客的需求和期望，提高顾客满意度。为了提高顾客满意度，精益物流必须了解和预测顾客的需求和期望。这可以通过市场调研、顾客反馈和数据分析等方式实现。在掌握顾客需求的基础上，精益物流需要优化产品设计、生产和交付过程，确保准时、高效、高质量地满足顾客的需求。此外，精益物流还需要建立与顾客的良好沟通渠道，及时了解顾客的反馈和意见，不断改进和优化服务。

2. 降低成本

精益物流追求在提高物流服务水平的同时，通过减少浪费、降低库存、优化运输等方式，降低物流成本。为了降低成本，精益物流需要对整个物流过程进行成本分析和优化。这包括运输、仓储、包装、配送、库存管理等环节。通过运用精益管理原则和方法，精益物流可以识别和减少浪费，如等待时间、库存冗余、重复运输等。此外，精益物流还可以通过优化运输策略和模式，降低运输成本。同时，提高流程的自动化和信息化水平，降低人力成本和错误率。

3. 优化库存管理

精益物流通过实施库存控制和优化策略，保持合理的库存水平，提高库存周转率和资金使用效率。为了实现库存优化，精益物流需要建立完善的库存管理体系。这包括制定合理的库存计划和控制策略，运用 ABC 分类法等库存管理技术，建立实时库存更新系统，以及与供应商和生产商的协同机制。通过这些措施，精益物流可以保持合理的库存水平，减少库存冗余和积压。同时，加强库存的周转和配送管理，提高库存周转率和资金使用效率。

4. 改善流程效率

精益物流通过对物流流程进行分析和改进，提高各环节的协同和配合效率，实现整个供应链的优化和高效运行。为了提高流程效率，精益物流需要对整个物流流程进行深入分析和改进。这包括对运输、仓储、包装、配送、库存管理等环节进行分析和研究，找出瓶颈和冗余环节。同时，运用精益改善方法和工具，对流程进行优化和再造。此外，加强各环节之间的协同和配合，提高流程的整体效率和效益。

5. 增强供应链协同

精益物流通过加强与供应商、生产商、物流服务商等各方的信息共享和协同合作，实现供应链的无缝对接和高效运行。为了增强供应链协同，精益物流需要建立与供应商、生产商、物流服务商等各方的战略合作伙伴关系。通过建立信息共享平台和协同机制，实现供应链各方的信息流、资金流和物流的顺畅流通。同时，加强与供应商和生产商的计划协同和合作，实现原材料和零部件的准时供应和生产过程的优化。同时，与物流服务商合作，共同优化运输策略和模式，降低运输成本和提高时效性。

这些目标的实现需要企业全面导入精益管理理念和方法，注重细节控制和持续改进。同时，建立完善的信息化系统和数据共享机制，支撑对整个物流过程的实时监控和优化。通过精益物流的实施，企业可以提高效率、降低成本、提高顾客满意度，并获得长期的竞争优势。

（三）精益物流的前提

1. 建立精益化信息网络

这是实现精益物流的关键，因为要通过信息网络系统对整个物流过程进行透明化和即时监控。为了满足精益物流的需求，企业需要建立一个高度集成和透明的信息网络系统。这个系统应该包括订单管理、库存管理、运输管理、仓储管理、包装和配送等环节的数据和信息。通过这个系统，企业可以实时监控和跟踪物流过程，及时发现和解决问题，同时企业可以实现与供应商、生产商、物流服务商等各方的信息共享和协同。此外，企业还需要注重数据的分析和挖掘，以便更好地预测和优化物流过程。

2. 重组和改造业务流程

要对当前企业的业务流程进行精益化，减少不合理的因素，使其满足精益物流的要求。为了实现精益物流，企业需要对现有的业务流程进行仔细分析和重组。这包括对订单处理、库存管理、运输计划、仓储管理、包装和配送等环节的流程进行优化和改进。例如，订单处理应该实现自动化和快速响应，库存管理应该采用先进的库存控制策略，运输计划应该合理安排运输工具和路线，仓储管理应该注重空间利用和货物安全管理等。在业务流程重组过程中，企业需要注重跨部门的协同和配合，打破部门之间的壁垒，实现流程的连续性和高效性。

3. 选择适合企业体系和设施的对象和商品

在进行精益物流服务时，应选择适合企业体系和设施的对象和商品，这样才能更有效地实现精益物流目标。不同的企业体系和设施对物流服务的需求和限制也不同。因此，为了实现精益物流，企业需要选择适合自己的对象和商品。例如，对需要快速响应和高可靠性的企业，可以选择采用精益库存管理和快速反应策略；对需要长距离运输和大规模仓储的企业，可以选择采用精益运输和仓储管理策略等等。此外，企业还需要根据自身的设施和能力，选择适合的物流技术和工具，如自动化设备、信息系统、包装技术等等。

此外，精益物流还需要企业从客户的角度出发，确定什么创造价值、什么不创造价值；要对价值链中的每一个环节进行分析，找出不能提供增值的浪费所在；根据不间断、不迂回、不倒流、不等待和不出废品的原则制定创造价值流的行动方案；并要求及时创造仅由顾客驱动的价值。同时，一旦发现有造成浪费的环节就要及时整改，努力追求完美。因此，精益物流的前提条件是建立精益化信息网络、重组和改造业务流程以及选择适合企业体系和设施的对象和商品等多方面的综合结果。

（四）精益物流的保证

1. 价值流管理

精益物流以价值流管理为核心，从顾客角度出发确定什么可产生价值，然后根据整个价值流的需要来确定供应、生产和配送产品活动中所必要的步骤和活动。通过减少不能创造价值的浪费，精益物流保证了对整个价值流的高效管理。

2. 高质量的信息流

在精益物流系统中，电子化的信息流可以保证信息流动的迅速、准确无误，还可有效减少冗余信息传递时间，减少作业环节，消除操作延迟，这使得物流服务准时、准确、快速，具备高质量的特性。

3. 低成本和高效的资源利用

精益物流系统通过合理配置基本资源，以需定产，能充分合理地运用优势和实力。通过电子化的信息流，进行快速反应、准时化生产，从而消除诸如设施设备空耗、人员冗余、操作延迟和资源等浪费，保证其物流服务的低成本。

4. 持续改进和完善的物流系统

在精益物流系统中，全员理解并接受精益思想的精髓，领导者能够制定使系统实现"精益"效益的决策，全体员工贯彻执行，上下一心，各施其职，各尽其责，达到全面物流管理的境界。同时，精益物流强调及时发现和解决问题，减少浪费，追求完善，使整个系统能够持续改进。

精益物流的保证在于其以顾客需求为导向，通过高效的信息流管理、资源利用和持续改进等多方面的措施，实现物流服务的高质量、低成本和高效益。

四、电子商务中精益物流的表现形式

（一）即时采购

即时采购是一种先进的采购模式或商品调达模式，其基本思想是在恰当的时间、恰当的地点，以恰当的数量、恰当的质量从上游厂商向企业提供恰当的产品。它是从均衡化生产发展而来的，是为了减少库存和不必要的浪费而进行持续性改进的结果。均衡化生产是为了及时应对市场变化而组织的一种以小批量、多品种为生产特点的敏捷作业管理体制。要做到即时采购，一个很重要的方面是如何确立与上游供应商的关系。在传统的采购活动中，企业与供应商只是一种简单的买卖关系，所以供应商的数量也较多。而在电子商务下的即时采购，由于要求供应商的经营行为能充分对应下游企业的均衡生产，做到同步工程，一方面，只有建立稳固的长期战略伙伴关系，才能保证质量上的一致性；另一方面，只有强化、指导供应商作业系统的管理，才能逐步降低采购成本。

（二）即时销售

在推式经营体制下，生产企业将商品转移给批发商或经销商之后，交易即告结束，或者说生产企业就可以认为生产已产生了利益。但是，在实需对应经营体制下，即时生产只是整个经营流程中的一个环节，即时生产是建立在市场需求对应基础上的，商品生产出来之后，能否真正产生效益，还要看该商品能否迅速地在恰当的时间转移到具有该商品需求的顾客手中，或者说即时生产有赖于即时销售。

（三）即时配送

即时销售只有建立在即时配送的基础上，即时配送才能解决商品从供应方到需求方的物流配送问题，而这正是在电子商务中运用精益物流的真谛所在。正因为如此，如今越来越多的企业不是让批发商或经销商来承担本企业产品的物流，而是构筑自身的物流系统，向位于流通最后环节的零售店铺直送产品，从而使企业在迅速把握产品销售状况的同时，确切了解商品的在库情况。

在构筑企业自身的物流系统、确立即时销售、即时配送的过程中，生产企业与零售企业出现了不同的发展趋势。对生产企业而言，推行即时销售、即时配送一个最明显的措施是实行厂商物流中心的集约化，即将原来分散在各分公司或中小型物流中心的库存集中到大型物流中心，通过数字化备货(digital packing)或计算机等现代技术实现进货、保管、在库管理、发货管理等等物流活动的效率化、省力化和智能化，原来的中小批发商或销售部已转为厂商的销售公司，专职从事销售促进、零售支持或订货等商流业务，从而提高销售对市场的反应能力以及对生产的促进作用。在零售企业当中，物流中心有向分散化、个性化发展的趋势，即物流系统的设立应充分对应一定商圈内店铺运营的需要，只有这样才能大大提高商品配送、流通加工的效率，减少销售中的损失，同时使物流服务的速度迅速提高。

参考文献

[1] 王华新，赵雨．电子商务基础与应用（慕课版）[M]．北京：人民邮电出版社，2021．

[2] 吴砚峰．物流信息技术[M]．北京：高等教育出版社，2021．

[3] 王晓平．电子商务与现代物流[M]．北京：首都经济贸易大学出版社，2021．

[4] 邹霞．智能物流设施与设备[M]．北京：电子工业出版社，2020．

[5] 朱孟高．电子商务物流管理[M]．北京：电子工业出版社，2020．

[6] 陈雄寅．现代物流基础学习指导[M]．北京：电子工业出版社，2020．

[7] 白东蕊，岳云康．电子商务概论[M]．北京：人民邮电出版社，2019．

[8] 姜方桃，邱小平．物流信息系统[M]．西安：西安电子科技大学出版社，2019．

[9] 刘桓，高志坚．电子商务基础与应用[M]．北京：人民邮电出版社，2017．

[10] 周方．生鲜电商冷链物流及其发展[J]．食品研究与开发，2022，43（4）：230．

[11] 谢蕊蕊．我国生鲜农产品冷链物流"最先一公里"发展探讨[J]．商业经济研究，2022（2）：114-117．

[12] 吴谢玲．数字经济时代物流业高质量发展问题研究[J]．商业经济研究，2022（2）：134-136．

[13] 田聪．电子商务模式下江苏水果冷链物流配送探究[J]．食品研究与开发，2022（2）：10005-10006．

[14] 薄亮．共享经济背景下区域物流供应链体系构建与资源配置[J]．商业经济研究，2021（23）：101-104．

[15] 邱琳，洪金珠．我国电子商务发展的物流驱动因素分析[J]．商业经济研究，2021（18）：111-114．

[16] 李琴，潘文军．生鲜产品电子商务与物流配送协同化平台构建[J]．商业经济研究，2021（16）：90-93．

[17] 刘佳宁，王海娟．电商视域下家具企业物流"外包模式"解析[J]．林产工业，2021（8）：105-107．

[18] 汪小龙，唐建荣．农村电商物流布局与农村居民消费：基于农村淘宝的跟踪[J]．商业经济研究，2021（23）：77-81．

[19] 郭忠亭，魏中京，高建宁．消费者需求导向下电子商务物流配送体系优化策略[J]．商业经济研究，2021（17）：93-96．

[20] 曹博．陕西省农产品冷链物流发展问题及对策分析[J]．辽宁农业科学，2019（6）：67-69．

[21] 李涛．生鲜农产品冷链物流发展问题分析及其对策探讨[J]．现代营销（学苑版），2019（1）：94．

[22] 杨梦祎．生鲜农产品冷链物流发展问题分析及其对策探讨[J]．现代营销（学苑版），2019（1）：98．

[23] 牛涛．关于生鲜农产品冷链物流发展问题分析及其对策探讨[J]．中外企业家，2018（35）：73．